TRANZLATY

La lingua è per tutti

Språk er for alle

Il richiamo della foresta

Nar villdyret vakner

Jack London

Italiano / Norsk

Copyright © 2025 Tranzlaty
All rights reserved
Published by Tranzlaty
ISBN: 978-1-80572-914-3
Original text by Jack London
The Call of the Wild
First published in 1903
www.tranzlaty.com

Nel primitivo
Inn i det primitive

Buck non leggeva i giornali.
Buck leste ikke avisene.
Se avesse letto i giornali avrebbe saputo che i guai si stavano avvicinando.
Hadde han lest avisene, ville han visst at det var trøbbel i vente.
Non erano guai solo per lui, ma per tutti i cani da caccia.
Det var trøbbel ikke bare for ham selv, men for alle tidevannshunder.
Ogni cane con muscoli forti e pelo lungo e caldo sarebbe stato nei guai.
Enhver hund med sterke muskler og varm, lang pels kom til å få trøbbel.
Da Puget Bay a San Diego nessun cane poteva sfuggire a ciò che stava per accadere.
Fra Puget Bay til San Diego kunne ingen hund unnslippe det som ventet.
Gli uomini, brancolando nell'oscurità artica, avevano trovato un metallo giallo.
Menn, som famlet i det arktiske mørket, hadde funnet et gult metall.
Le compagnie di navigazione a vapore e di trasporto erano alla ricerca della scoperta.
Dampskip- og transportselskaper jaget oppdagelsen.
Migliaia di uomini si riversarono nel Nord.
Tusenvis av menn stormet inn i Nordlandet.
Questi uomini volevano dei cani, e i cani che volevano erano cani pesanti.
Disse mennene ville ha hunder, og hundene de ville ha var tunge hunder.
Cani dotati di muscoli forti per lavorare duro.
Hunder med sterke muskler å slite med.
Cani con il pelo folto che li protegge dal gelo.
Hunder med lodden pels for å beskytte dem mot frosten.

Buck viveva in una grande casa nella soleggiata Santa Clara Valley.
Buck bodde i et stort hus i den solkysste Santa Clara Valley.
La casa del giudice Miller era chiamata così.
Dommer Millers sted, ble huset hans kalt.
La sua casa era nascosta tra gli alberi, lontana dalla strada.
Huset hans lå litt tilbaketrukket fra veien, halvt skjult blant trærne.
Si poteva intravedere l'ampia veranda che circondava la casa.
Man kunne få glimt av den brede verandaen som strakte seg rundt huset.
Si accedeva alla casa tramite vialetti ghiaiosi.
Huset ble nådd via gruslagte innkjørsler.
I sentieri si snodavano attraverso ampi prati.
Stiene slynget seg gjennom vidstrakte plener.
In alto si intrecciavano i rami degli alti pioppi.
Over dem var de flettede grenene til høye popler.
Nella parte posteriore della casa le cose erano ancora più spaziose.
På baksiden av huset var det enda mer romslig.
C'erano grandi scuderie, dove una dozzina di stallieri chiacchieravano
Det var flotte staller, hvor et dusin brudgommer pratet
C'erano file di cottage per i servi ricoperti di vite
Det var rekker med vinrankede tjenestehytter
E c'era una serie infinita e ordinata di latrine
Og det var en endeløs og ordnet rekke med uthus
Lunghi pergolati d'uva, pascoli verdi, frutteti e campi di bacche.
Lange druelysthus, grønne beitemarker, frukthager og bæråkrer.
Poi c'era l'impianto di pompaggio per il pozzo artesiano.
Så var det pumpeanlegget for den artesiske brønnen.
E c'era la grande cisterna di cemento piena d'acqua.
Og der var den store sementtanken fylt med vann.

Qui i ragazzi del giudice Miller hanno fatto il loro tuffo mattutino.
Her tok dommer Millers gutter sitt morgendukkert.
E lì si rinfrescavano anche nel caldo pomeriggio.
Og de kjølte seg ned der på den varme ettermiddagen også.
E su questo grande dominio, Buck era colui che lo governava tutto.
Og over dette store domenet var det Buck som hersket over det hele.
Buck nacque su questa terra e visse qui tutti i suoi quattro anni.
Buck ble født på dette landet og bodde her alle sine fire år.
C'erano effettivamente altri cani, ma non avevano molta importanza.
Det fantes riktignok andre hunder, men de spilte egentlig ingen rolle.
In un posto vasto come questo ci si aspettava la presenza di altri cani.
Andre hunder var ventet på et sted så stort som dette.
Questi cani andavano e venivano oppure vivevano nei canili affollati.
Disse hundene kom og gikk, eller bodde inne i de travle kennelene.
Alcuni cani vivevano nascosti in casa, come Toots e Ysabel.
Noen hunder bodde gjemt i huset, slik som Toots og Ysabel gjorde.
Toots era un carlino giapponese, Ysabel una cagnolina messicana senza pelo.
Toots var en japansk mops, Ysabel en meksikansk hårløs hund.
Queste strane creature raramente uscivano di casa.
Disse merkelige skapningene gikk sjelden utenfor huset.
Non toccarono terra né annusarono l'aria esterna.
De berørte ikke bakken, og de luktet heller ikke på den åpne luften utenfor.
C'erano anche i fox terrier, almeno una ventina.
Det var også foxterrierene, minst tjue i antall.

Questi terrier abbaiavano ferocemente a Toots e Ysabel in casa.
Disse terrierene bjeffet heftig mot Toots og Ysabel innendørs.
Toots e Ysabel rimasero dietro le finestre, al sicuro da ogni pericolo.
Toots og Ysabel holdt seg bak vinduene, trygge for skader.
Erano sorvegliati da domestiche armate di scope e stracci.
De ble voktet av hushjelper med koster og mopper.
Ma Buck non era un cane da casa e nemmeno da canile.
Men Buck var ingen hushund, og han var heller ingen kennelhund.
L'intera proprietà apparteneva a Buck come suo legittimo regno.
Hele eiendommen tilhørte Buck som hans rettmessige rike.
Buck nuotava nella vasca o andava a caccia con i figli del giudice.
Buck svømte i tanken eller dro på jakt med dommerens sønner.
Camminava con Mollie e Alice nelle prime ore del mattino o tardi.
Han gikk med Mollie og Alice i de tidlige eller sene timer.
Nelle notti fredde si sdraiava davanti al fuoco della biblioteca insieme al giudice.
På kalde netter lå han foran peisen i biblioteket sammen med dommeren.
Buck accompagnava i nipoti del giudice sulla sua robusta schiena.
Buck kjørte dommerens barnebarn på sin sterke rygg.
Si rotolava nell'erba insieme ai ragazzi, sorvegliandoli da vicino.
Han rullet seg i gresset sammen med guttene og voktet nøye over dem.
Si avventurarono fino alla fontana e addirittura oltre i campi di bacche.
De våget seg til fontenen og til og med forbi bæråkrene.
Tra i fox terrier, Buck camminava sempre con orgoglio regale.

Blant foxterrierene vandret Buck alltid med kongelig stolthet.
Ignorò Toots e Ysabel, trattandoli come se fossero aria.
Han ignorerte Toots og Ysabel og behandlet dem som om de var luft.
Buck governava tutte le creature viventi sulla terra del giudice Miller.
Buck hersket over alle levende skapninger på dommer Millers land.
Dominava gli animali, gli insetti, gli uccelli e perfino gli esseri umani.
Han hersket over dyr, insekter, fugler og til og med mennesker.
Il padre di Buck, Elmo, era un enorme e fedele San Bernardo.
Bucks far Elmo hadde vært en stor og lojal sanktbernhardshund.
Elmo non si allontanò mai dal Giudice e lo servì fedelmente.
Elmo vek aldri fra dommerens side og tjente ham trofast.
Buck sembrava pronto a seguire il nobile esempio del padre.
Buck virket klar til å følge farens edle eksempel.
Buck non era altrettanto grande: pesava sessanta chili.
Buck var ikke fullt så stor, og veide hundre og førti pund.
Sua madre, Shep, era una splendida cagnolina da pastore scozzese.
Moren hans, Shep, hadde vært en fin skotsk gjeterhund.
Ma nonostante il suo peso, Buck camminava con una presenza regale.
Men selv med den vekten gikk Buck med kongelig tilstedeværelse.
Ciò derivava dal buon cibo e dal rispetto che riceveva sempre.
Dette kom fra god mat og den respekten han alltid fikk.
Per quattro anni Buck aveva vissuto come un nobile viziato.
I fire år hadde Buck levd som en bortskjemt adelsmann.
Era orgoglioso di sé stesso e perfino un po' egocentrico.
Han var stolt av seg selv, og til og med litt egoistisk.

Quel tipo di orgoglio era comune tra i signori delle campagne remote.
Den slags stolthet var vanlig blant avsidesliggende landsherrer.
Ma Buck si salvò dal diventare un cane domestico viziato.
Men Buck reddet seg fra å bli en bortskjemt hushund.
Rimase snello e forte grazie alla caccia e all'esercizio fisico.
Han holdt seg slank og sterk gjennom jakt og mosjon.
Amava profondamente l'acqua, come chi si bagna nei laghi freddi.
Han elsket vann dypt, som folk som bader i kalde innsjøer.
Questo amore per l'acqua mantenne Buck forte e molto sano.
Denne kjærligheten til vann holdt Buck sterk og veldig sunn.
Questo era il cane che Buck era diventato nell'autunno del 1897.
Dette var hunden Buck hadde blitt høsten 1897.
Quando lo sciopero del Klondike spinse gli uomini verso il gelido Nord.
Da Klondike-angrepet trakk menn til det frosne nord.
Da ogni parte del mondo la gente accorse in massa verso la fredda terra.
Folk strømmet fra hele verden inn i det kalde landet.
Buck, tuttavia, non leggeva i giornali e non capiva le notizie.
Buck leste imidlertid ikke avisene, og forsto heller ikke nyheter.
Non sapeva che Manuel fosse una persona cattiva con cui stare.
Han visste ikke at Manuel var en dårlig mann å være sammen med.
Manuel, che aiutava in giardino, aveva un grosso problema.
Manuel, som hjalp til i hagen, hadde et alvorlig problem.
Manuel era dipendente dal gioco d'azzardo alla lotteria cinese.
Manuel var avhengig av pengespill i det kinesiske lotteriet.
Credeva fermamente anche in un sistema fisso per vincere.
Han trodde også sterkt på et fast system for å vinne.
Questa convinzione rese il suo fallimento certo e inevitabile.

Den troen gjorde hans fiasko sikker og uunngåelig.
Per giocare con un sistema erano necessari soldi, soldi che a Manuel mancavano.
Å spille et system krever penger, noe Manuel manglet.
Il suo stipendio bastava a malapena a sostenere la moglie e i numerosi figli.
Lønnen hans forsørget knapt kona og de mange barna hans.
La notte in cui Manuel tradì Buck, tutto era normale.
Den natten Manuel forrådte Buck, var ting normalt.
Il giudice si trovava a una riunione dell'Associazione dei coltivatori di uva passa.
Dommeren var på et møte i rosindyrkerforeningen.
A quel tempo i figli del giudice erano impegnati a fondare un club sportivo.
Dommerens sønner var travelt opptatt med å danne en idrettsklubb den gang.
Nessuno vide Manuel e Buck uscire dal frutteto.
Ingen så Manuel og Buck gå gjennom frukthagen.
Buck pensava che questa fosse solo una semplice passeggiata notturna.
Buck trodde denne turen bare var en enkel nattlig spasertur.
Incontrarono un solo uomo alla stazione della bandiera, a College Park.
De møtte bare én mann på flaggstasjonen i College Park.
Quell'uomo parlò con Manuel e si scambiarono i soldi.
Mannen snakket med Manuel, og de vekslet penger.
"Imballa la merce prima di consegnarla", suggerì.
«Pakk inn varene før du leverer dem», foreslo han.
La voce dell'uomo era roca e impaziente mentre parlava.
Mannens stemme var ru og utålmodig mens han snakket.
Manuel legò con cura una corda spessa attorno al collo di Buck.
Manuel bandt forsiktig et tykt tau rundt Bucks hals.
"Se giri la corda, lo strangolerai di brutto"
«Vri tauet, så kveler du ham kraftig»
Lo straniero emise un grugnito, dimostrando di aver capito bene.

Den fremmede gryntet, noe som viste at han forsto godt.
Quel giorno Buck accettò la corda con calma e silenziosa dignità.
Buck tok imot tauet med rolig og stille verdighet den dagen.
Era un atto insolito, ma Buck si fidava degli uomini che conosceva.
Det var en uvanlig handling, men Buck stolte på mennene han kjente.
Credeva che la loro saggezza andasse ben oltre il suo pensiero.
Han mente at visdommen deres gikk langt utover hans egen tenkning.
Ma poi la corda venne consegnata nelle mani dello straniero.
Men så ble tauet gitt til den fremmedes hender.
Buck emise un ringhio basso che suonava come un avvertimento e una minaccia silenziosa.
Buck knurret lavt som advarte med en stille trussel.
Era orgoglioso e autoritario e intendeva mostrare il suo disappunto.
Han var stolt og kommanderende, og hadde til hensikt å vise sin misnøye.
Buck credeva che il suo avvertimento sarebbe stato interpretato come un ordine.
Buck trodde advarselen hans ville bli oppfattet som en ordre.
Con suo grande stupore, la corda si strinse rapidamente attorno al suo grosso collo.
Til hans sjokk strammet tauet seg hardt rundt den tykke halsen hans.
Gli mancò l'aria e cominciò a lottare in preda a una rabbia improvvisa.
Luften hans ble kuttet ut, og han begynte å slåss i et plutselig raseri.
Si lanciò verso l'uomo, che si lanciò rapidamente contro Buck a mezz'aria.
Han sprang mot mannen, som raskt møtte Buck i luften.
L'uomo afferrò Buck per la gola e lo fece ruotare abilmente in aria.

Mannen grep tak i Bucks hals og vred ham dyktig opp i luften.
Buck venne scaraventato a terra con violenza, atterrando sulla schiena.
Buck ble kastet hardt ned og landet flatt på ryggen.
La corda ora lo strangolava crudelmente mentre lui scalciava selvaggiamente.
Tauet kvalte ham nå grusomt mens han sparket vilt.
La sua lingua cadde fuori, il suo petto si sollevò, ma non riprese fiato.
Tungen hans falt ut, brystet hevet seg, men han fikk ikke puste.
Non era mai stato trattato con tanta violenza in vita sua.
Han hadde aldri blitt behandlet med slik vold i sitt liv.
Non era mai stato così profondamente invaso da una rabbia così profonda.
Han hadde heller aldri vært fylt med et så dypt raseri før.
Ma il potere di Buck svanì e i suoi occhi diventarono vitrei.
Men Bucks kraft sviktet, og øynene hans ble glassaktige.
Svenne proprio mentre un treno veniva fermato lì vicino.
Han besvimte akkurat idet et tog stoppet i nærheten.
Poi i due uomini lo caricarono velocemente nel vagone bagagli.
Så kastet de to mennene ham raskt inn i bagasjevognen.
La cosa successiva che Buck sentì fu dolore alla lingua gonfia.
Det neste Buck kjente var en smerte i den hovne tungen.
Si muoveva su un carro traballante, solo vagamente cosciente.
Han beveget seg i en skjelvende vogn, bare svakt bevisst.
Il fischio acuto di un treno rivelò a Buck la sua posizione.
Det skarpe skriket fra en togfløyte fortalte Buck hvor han var.
Aveva spesso cavalcato con il Giudice e conosceva quella sensazione.
Han hadde ofte ridd med dommeren og kjente følelsen.
Fu un'esperienza unica viaggiare di nuovo in un vagone bagagli.
Det var det unike sjokket å reise i bagasjevogn igjen.

Buck aprì gli occhi e il suo sguardo ardeva di rabbia.
Buck åpnet øynene, og blikket hans brant av raseri.
Questa era l'ira di un re orgoglioso detronizzato.
Dette var vreden til en stolt konge som ble tatt fra tronen.
Un uomo allungò la mano per afferrarlo, ma Buck colpì per primo.
En mann rakte ut for å gripe ham, men Buck slo til først i stedet.
Affondò i denti nella mano dell'uomo e la strinse forte.
Han bet tennene i mannens hånd og holdt den hardt.
Non mi lasciò andare finché non svenne per la seconda volta.
Han slapp ikke taket før han besvimte for andre gang.
"Sì, ha degli attacchi", borbottò l'uomo al facchino.
«Ja, får anfall», mumlet mannen til bagasjemannen.
Il facchino aveva sentito la colluttazione e si era avvicinato.
Bagasjemannen hadde hørt kampen og kom nærmere.
"Lo porto a Frisco per conto del capo", spiegò l'uomo.
«Jeg tar ham med til 'Frisco for sjefen», forklarte mannen.
"C'è un bravo dottore per cani che dice di poterli curare."
«Det er en dyktig hundedoktor der som sier han kan kurere dem.»
Più tardi quella notte l'uomo raccontò la sua versione completa.
Senere den kvelden ga mannen sin egen fullstendige beretning.
Parlava da un capannone dietro un saloon sul molo.
Han snakket fra et skur bak en saloon på kaia.
"Mi hanno dato solo cinquanta dollari", si lamentò con il gestore del saloon.
«Alt jeg fikk var femti dollar», klaget han til saloonmannen.
"Non lo rifarei, nemmeno per mille dollari in contanti."
«Jeg ville ikke gjort det igjen, ikke engang for tusen i kontanter.»
La sua mano destra era strettamente avvolta in un panno insanguinato.
Høyrehånden hans var tett pakket inn i et blodig klede.

La gamba dei suoi pantaloni era completamente strappata dal ginocchio al piede.
Buksebeinet hans var vidt revet opp fra kne til tå.
"Quanto è stato pagato l'altro tizio?" chiese il gestore del saloon.
«Hvor mye fikk den andre kruset betalt?» spurte saloonmannen.
«Cento», rispose l'uomo, «non ne accetterebbe uno in meno».
«Hundre,» svarte mannen, «han ville ikke tatt en krone mindre.»
"Questo fa centocinquanta", disse il gestore del saloon.
«Det blir hundre og femti», sa saloonmannen.
"E lui li merita tutti, altrimenti non sono meglio di uno stupido."
«Og han er verdt alt, ellers er jeg ikke bedre enn en dust.»
L'uomo aprì gli involucri per esaminarsi la mano.
Mannen åpnet innpakningen for å undersøke hånden sin.
La mano era gravemente graffiata e ricoperta di croste di sangue secco.
Hånden var stygt revet og dekket av tørket blod.
"Se non mi viene l'idrofobia..." cominciò a dire.
«Hvis jeg ikke får hydrofobien ...» begynte han å si.
"Sarà perché sei nato per impiccarti", giunse una risata.
«Det er fordi du er født til å henge», kom det en latter.
"Aiutami prima di partire", gli chiesero.
«Kom og hjelp meg før du drar», ble han spurt.
Buck era stordito dal dolore alla lingua e alla gola.
Buck var i en døs av smertene i tungen og halsen.
Era mezzo strangolato e riusciva a malapena a stare in piedi.
Han var halvkvalt, og kunne knapt stå oppreist.
Ciononostante, Buck cercò di affrontare gli uomini che lo avevano ferito così duramente.
Likevel prøvde Buck å møte mennene som hadde såret ham så mye.
Ma lo gettarono a terra e lo strangolarono ancora una volta.
Men de kastet ham ned og kvalte ham igjen.
Solo allora riuscirono a segargli il pesante collare di ottone.

Først da kunne de sage av den tunge messingkragen hans.
Tolsero la corda e lo spinsero in una cassa.
De fjernet tauet og dyttet ham inn i en kasse.
La cassa era piccola e aveva la forma di una gabbia di ferro grezza.
Kassen var liten og formet som et grovt jernbur.
Buck rimase lì per tutta la notte, pieno di rabbia e di orgoglio ferito.
Buck lå der hele natten, fylt av vrede og såret stolthet.
Non riusciva nemmeno a capire cosa gli stesse succedendo.
Han klarte ikke å begynne å forstå hva som skjedde med ham.
Perché quegli strani uomini lo tenevano in quella piccola cassa?
Hvorfor holdt disse merkelige mennene ham i denne lille kassen?
Cosa volevano da lui e perché questa crudele prigionia?
Hva ville de med ham, og hvorfor dette grusomme fangenskapet?
Sentì una pressione oscura e la sensazione che il disastro si avvicinasse.
Han følte et mørkt press; en følelse av at katastrofen kom nærmere.
Era una paura vaga, ma si impadronì pesantemente del suo spirito.
Det var en vag frykt, men den tynget ham dypt.
Diverse volte sobbalzò quando la porta del capanno sbatteva.
Flere ganger hoppet han opp da skurdøren raslet.
Si aspettava che il giudice o i ragazzi apparissero e lo salvassero.
Han forventet at dommeren eller guttene skulle dukke opp og redde ham.
Ma ogni volta solo la faccia grassa del gestore del saloon faceva capolino all'interno.
Men bare saloonholderens fete ansikt tittet inn hver gang.
Il volto dell'uomo era illuminato dalla debole luce di una candela di sego.

Mannens ansikt var opplyst av det svake lyset fra et talglys.
Ogni volta, il latrato gioioso di Buck si trasformava in un ringhio basso e arrabbiato.
Hver gang forandret Bucks gledesfylte bjeff seg til en lav, sint knurr.

Il gestore del saloon lo ha lasciato solo per la notte nella cassa
Saloon-eieren lot ham være alene i buret for natten
Ma quando si svegliò la mattina seguente, altri uomini stavano arrivando.
Men da han våknet om morgenen, kom det flere menn.
Arrivarono quattro uomini e, con cautela, sollevarono la cassa senza dire una parola.
Fire menn kom og plukket forsiktig opp kassen uten et ord.
Buck capì subito in quale situazione si trovava.
Buck forsto med en gang hvilken situasjon han befant seg i.
Erano ulteriori tormentatori che doveva combattere e temere.
De var ytterligere plageånder som han måtte kjempe mot og frykte.
Questi uomini apparivano malvagi, trasandati e molto mal curati.
Disse mennene så onde, fillete og svært dårlig stelt ut.
Buck ringhiò e si lanciò contro di loro con furia attraverso le sbarre.
Buck glefset og kastet seg voldsomt mot dem gjennom sprinklene.
Si limitarono a ridere e a colpirlo con lunghi bastoni di legno.
De bare lo og stakk til ham med lange trepinner.
Buck morse i bastoncini, poi capì che era quello che gli piaceva.
Buck bet i pinnene, men innså at det var det de likte.
Così si sdraiò in silenzio, imbronciato e acceso da una rabbia silenziosa.
Så la han seg stille ned, mutt og brennende av stille raseri.
Caricarono la cassa su un carro e se ne andarono con lui.

De løftet kassen opp i en vogn og kjørte av gårde med ham.
La cassa, con Buck chiuso dentro, cambiò spesso proprietario.
Kassen, med Buck låst inni, skiftet hender ofte.
Gli impiegati dell'ufficio espresso presero in mano la situazione e si occuparono di lui per un breve periodo.
Ekspresskontormedarbeidere tok ansvar og håndterte ham kort.
Poi un altro carro trasportò Buck attraverso la rumorosa città.
Så bar en annen vogn Buck gjennom den støyende byen.
Un camion lo portò con sé scatole e pacchi su un traghetto.
En lastebil tok ham med esker og pakker om bord på en ferge.
Dopo l'attraversamento, il camion lo scaricò presso un deposito ferroviario.
Etter å ha krysset, losset lastebilen ham av på en jernbanestasjon.
Alla fine Buck venne fatto salire a bordo di un vagone espresso in attesa.
Til slutt ble Buck plassert i en ventende ekspressvogn.
Per due giorni e due notti i treni trascinarono via il vagone espresso.
I to dager og netter trakk tog ekspressvognen bort.
Buck non mangiò né bevve durante tutto il doloroso viaggio.
Buck verken spiste eller drakk under hele den smertefulle reisen.
Quando i messaggeri cercarono di avvicinarlo, lui ringhiò.
Da ekspressbudene prøvde å nærme seg ham, knurret han.
Risposero prendendolo in giro e prendendolo in giro crudelmente.
De svarte med å håne ham og erte ham grusomt.
Buck si gettò contro le sbarre, schiumando e tremando
Buck kastet seg mot barene, skummet og skalv
risero sonoramente e lo presero in giro come i bulli della scuola.
De lo høyt og hånet ham som skolegårdsbønnerne.
Abbaiavano come cani finti e agitavano le braccia.
De bjeffet som falske hunder og flakset med armene.

Arrivarono persino a cantare come galli, solo per farlo arrabbiare ancora di più.
De gol til og med som haner bare for å gjøre ham enda mer opprørt.
Era un comportamento sciocco e Buck sapeva che era ridicolo.
Det var tåpelig oppførsel, og Buck visste at det var latterlig.
Ma questo non fece altro che accrescere il suo senso di indignazione e vergogna.
Men det forsterket bare følelsen av forargelse og skam hans.
Durante il viaggio la fame non lo disturbò molto.
Han var ikke særlig plaget av sult under turen.
Ma la sete portava con sé dolori acuti e sofferenze insopportabili.
Men tørsten medførte skarp smerte og uutholdelig lidelse.
La sua gola secca e infiammata e la lingua bruciavano per il calore.
Den tørre, betente halsen og tungen hans brant av varme.
Questo dolore alimentava la febbre che cresceva nel suo corpo orgoglioso.
Denne smerten næret feberen som steg i den stolte kroppen hans.
Durante questa prova Buck fu grato per una sola cosa.
Buck var takknemlig for én ting under denne rettssaken.
Gli avevano tolto la corda dal grosso collo.
Tauet var blitt fjernet fra den tykke halsen hans.
La corda aveva dato a quegli uomini un vantaggio ingiusto e crudele.
Tauet hadde gitt disse mennene en urettferdig og grusom fordel.
Ora la corda non c'era più e Buck giurò che non sarebbe mai più tornata.
Nå var tauet borte, og Buck sverget på at det aldri ville komme tilbake.
Decise che nessuna corda gli sarebbe mai più passata intorno al collo.

Han bestemte seg for at ingen tau noen gang skulle gå rundt halsen hans igjen.

Per due lunghi giorni e due lunghe notti soffrì senza cibo.
I to lange dager og netter led han uten mat.

E in quelle ore, accumulò dentro di sé una rabbia enorme.
Og i disse timene bygde han opp et enormt raseri inni seg.

I suoi occhi diventarono iniettati di sangue e selvaggi per la rabbia costante.
Øynene hans ble blodsprengte og ville av konstant sinne.

Non era più Buck, ma un demone con le fauci che schioccavano.
Han var ikke lenger Buck, men en demon med knakende kjever.

Nemmeno il Giudice avrebbe potuto riconoscere questa folle creatura.
Selv dommeren ville ikke ha kjent denne gale skapningen.

I messaggeri espressi tirarono un sospiro di sollievo quando giunsero a Seattle
Ekspressbudene sukket lettet da de nådde Seattle

Quattro uomini sollevarono la cassa e la portarono in un cortile sul retro.
Fire menn løftet kassen og bar den til en bakgård.

Il cortile era piccolo, circondato da mura alte e solide.
Gårdsplassen var liten, omgitt av høye og solide murer.

Un uomo corpulento uscì dalla stanza con una scollatura larga e una camicia rossa.
En stor mann steg ut i en hengende rød genserskjorte.

Firmò il registro delle consegne con una calligrafia spessa e decisa.
Han signerte leveringsboken med tykk og dristig håndskrift.

Buck intuì subito che quell'uomo era il suo prossimo aguzzino.
Buck ante med en gang at denne mannen var hans neste plageånd.

Si lanciò violentemente contro le sbarre, con gli occhi rossi di rabbia.

Han kastet seg voldsomt mot stengene, med røde øyne av raseri.
L'uomo si limitò a sorridere amaramente e andò a prendere un'ascia.
Mannen smilte bare dystert og gikk for å hente en øks.
Teneva anche una mazza nella sua grossa e forte mano destra.
Han hadde også med seg en kølle i sin tykke og sterke høyre hånd.
"Lo porterai fuori adesso?" chiese l'autista preoccupato.
«Skal du kjøre ham ut nå?» spurte sjåføren bekymret.
"Certo", disse l'uomo, infilando l'ascia nella cassa come se fosse una leva.
«Jada,» sa mannen og presset øksen inn i kassen som en spak.
I quattro uomini si dileguarono all'istante, saltando sul muro del cortile.
De fire mennene spredte seg øyeblikkelig og hoppet opp på gårdsmuren.
Dai loro punti sicuri in alto, aspettavano di ammirare lo spettacolo.
Fra sine trygge plasser ovenfra ventet de på å se på skuet.
Buck si lanciò contro il legno scheggiato, mordendolo e scuotendolo violentemente.
Buck kastet seg mot det splintrede treverket, bet og skalv voldsomt.
Ogni volta che l'ascia colpiva la gabbia, Buck era lì pronto ad attaccarla.
Hver gang øksen traff buret), var Buck der for å angripe den.
Ringhiò e schioccò le dita in preda a una rabbia selvaggia, desideroso di essere liberato.
Han knurret og glefset av vilt raseri, ivrig etter å bli satt fri.
L'uomo all'esterno era calmo e fermo, concentrato sul suo compito.
Mannen utenfor var rolig og stødig, opptatt av oppgaven sin.
"Bene allora, diavolo dagli occhi rossi", disse quando il buco fu grande.
«Akkurat da, din rødøyde djevel», sa han da hullet var stort.

Lasciò cadere l'ascia e prese la mazza nella mano destra.
Han slapp stridsøksen og tok køllen i høyre hånd.
Buck sembrava davvero un diavolo: aveva gli occhi iniettati di sangue e fiammeggianti.
Buck så virkelig ut som en djevel; øynene var blodsprengte og flammende.
Il suo pelo si rizzò, la schiuma gli salì alla bocca e gli occhi brillarono.
Pelsen hans strittet, skum skummet rundt munnen, og øynene glitret.
Lui tese i muscoli e si lanciò dritto verso il maglione rosso.
Han spente musklene og hoppet rett på den røde genseren.
Centoquaranta libbre di furia si riversarono sull'uomo calmo.
Hundre og førti kilo raseri fløy mot den rolige mannen.
Un attimo prima che le sue fauci si chiudessero, un colpo terribile lo colpì.
Rett før kjevene hans klemte seg igjen, traff et forferdelig slag ham.
I suoi denti si schioccarono insieme solo sull'aria
Tennene hans knakk sammen på ingenting annet enn luft
una scossa di dolore gli risuonò nel corpo
et smertestøt gjallet gjennom kroppen hans
Si capovolse a mezz'aria e cadde sulla schiena e su un fianco.
Han snudde seg midt i luften og falt ned på ryggen og siden.
Non aveva mai sentito prima un colpo di mazza e non riusciva a sostenerlo.
Han hadde aldri før følt et slag fra en kølle og kunne ikke gripe det.
Con un ringhio acuto, in parte abbaio, in parte urlo, saltò di nuovo.
Med et skrikende knurr, delvis bjeffing, delvis skrik, hoppet han igjen.
Un altro colpo violento lo colpì e lo scaraventò a terra.
Nok et brutalt slag traff ham og kastet ham i bakken.
Questa volta Buck capì: era la pesante clava dell'uomo.
Denne gangen forsto Buck – det var mannens tunge kølle.

Ma la rabbia lo accecò e non pensò minimamente di ritirarsi.
Men raseriet blindet ham, og han tenkte ikke på å trekke seg tilbake.
Dodici volte si lanciò e dodici volte cadde.
Tolv ganger kastet han seg, og tolv ganger falt han.
La mazza di legno lo colpiva ogni volta con una forza spietata e schiacciante.
Trekøllen knuste ham hver gang med hensynsløs, knusende kraft.
Dopo un colpo violento, si rialzò barcollando, stordito e lento.
Etter et voldsomt slag vaklet han opp på beina, forvirret og langsom.
Il sangue gli colava dalla bocca, dal naso e perfino dalle orecchie.
Blod rant fra munnen, nesen og til og med ørene hans.
Il suo mantello, un tempo bellissimo, era imbrattato di schiuma insanguinata.
Den en gang så vakre kåpen hans var tilsmusset av blodig skum.
Poi l'uomo si fece avanti e gli sferrò un violento colpo al naso.
Så steg mannen frem og slo ham hardt mot nesen.
L'agonia fu più acuta di qualsiasi cosa Buck avesse mai provato.
Smerten var skarpere enn noe Buck noen gang hadde følt.
Con un ruggito più da bestia che da cane, balzò di nuovo all'attacco.
Med et brøl, mer et dyr enn en hund, sprang han igjen for å angripe.
Ma l'uomo gli afferrò la mascella inferiore e la torse all'indietro.
Men mannen grep tak i underkjeven hans og vred den bakover.
Buck si girò a testa in giù e cadde di nuovo violentemente al suolo.
Buck snudde seg pladask og braste hardt ned igjen.

Un'ultima volta, Buck si lanciò verso di lui, ormai a malapena in grado di reggersi in piedi.
En siste gang stormet Buck mot ham, nå knapt i stand til å stå på egne ben.
L'uomo colpì con sapiente tempismo, sferrando il colpo finale.
Mannen slo til med ekspert timing og ga det siste slaget.
Buck crollò a terra, privo di sensi e immobile.
Buck kollapset i en haug, bevisstløs og ubevegelig.
"Non è uno stupido ad addestrare i cani, ecco cosa dico io", urlò un uomo.
«Han er ikke svak til å knekke hund, det er det jeg sier», ropte en mann.
"Druther può spezzare la volontà di un segugio in qualsiasi giorno della settimana."
«Druther kan knekke en hunds vilje hvilken som helst dag i uken.»
"E due volte di domenica!" aggiunse l'autista.
«Og to ganger på en søndag!» la sjåføren til.
Salì sul carro e tirò le redini per partire.
Han klatret opp i vognen og brøt i tømmene for å dra.
Buck riprese lentamente il controllo della sua coscienza
Buck gjenvant sakte kontroll over bevisstheten sin
ma il suo corpo era ancora troppo debole e rotto per muoversi.
men kroppen hans var fortsatt for svak og brukket til å bevege seg.
Rimase lì dove era caduto, osservando l'uomo con il maglione rosso.
Han lå der han hadde falt og så på mannen i den rødgenseren.
"Risponde al nome di Buck", disse l'uomo, leggendo ad alta voce.
«Han svarer på navnet Buck», sa mannen mens han leste høyt.
Citò la nota inviata con la cassa di Buck e i dettagli.
Han siterte fra brevet som ble sendt med Bucks kasse og detaljer.

"Bene, Buck, ragazzo mio", continuò l'uomo con tono amichevole,
«Vel, Buck, gutten min», fortsatte mannen med en vennlig tone,
"Abbiamo avuto il nostro piccolo litigio, e ora tra noi è finita."
«Vi har hatt vår lille krangel, og nå er det over mellom oss.»
"Tu hai imparato qual è il tuo posto, e io ho imparato qual è il mio", ha aggiunto.
«Du har lært din plass, og jeg har lært min», la han til.
"Sii buono e tutto andrà bene e la vita sarà piacevole."
«Vær snill, så går alt bra, og livet blir behagelig.»
"Ma se sei cattivo, ti spaccherò a morte, capito?"
«Men vær slem, så banker jeg deg i hjel, forstått?»
Mentre parlava, allungò la mano e accarezzò la testa dolorante di Buck.
Mens han snakket, rakte han ut hånden og klappet Buck på det såre hodet.
I capelli di Buck si rizzarono al tocco dell'uomo, ma lui non oppose resistenza.
Bucks hår reiste seg ved mannens berøring, men han gjorde ikke motstand.
L'uomo gli portò dell'acqua e Buck la bevve a grandi sorsi.
Mannen kom med vann til ham, som Buck drakk i store slurker.
Poi arrivò la carne cruda, che Buck divorò pezzo per pezzo.
Så kom rått kjøtt, som Buck slukte bit for bit.
Sapeva di essere stato sconfitto, ma sapeva anche di non essere distrutto.
Han visste at han var slått, men han visste også at han ikke var brukket.
Non aveva alcuna possibilità contro un uomo armato di manganello.
Han hadde ingen sjanse mot en mann bevæpnet med en kølle.
Aveva imparato la verità e non dimenticò mai quella lezione.
Han hadde lært sannheten, og han glemte aldri den lærdommen.

Quell'arma segnò l'inizio della legge nel nuovo mondo di Buck.
Det våpenet var begynnelsen på loven i Bucks nye verden.
Fu l'inizio di un ordine duro e primitivo che non poteva negare.
Det var starten på en hard, primitiv orden han ikke kunne fornekte.
Accettò la verità: i suoi istinti selvaggi erano ormai risvegliati.
Han aksepterte sannheten; hans ville instinkter var nå våkne.
Il mondo era diventato più duro, ma Buck lo affrontò coraggiosamente.
Verden hadde blitt hardere, men Buck møtte det tappert.
Affrontò la vita con una nuova cautela, astuzia e una forza silenziosa.
Han møtte livet med ny forsiktighet, list og stille styrke.
Arrivarono altri cani, legati con corde o gabbie, come era successo a Buck.
Flere hunder ankom, bundet i tau eller bur slik som Buck hadde vært.
Alcuni cani procedevano con calma, altri si infuriavano e combattevano come bestie feroci.
Noen hunder kom rolig, andre raste og sloss som ville dyr.
Tutti loro furono sottoposti al dominio dell'uomo con il maglione rosso.
Alle ble brakt under den rødgenserkledde mannens styre.
Ogni volta Buck osservava e vedeva svolgersi la stessa lezione.
Hver gang så Buck på og så den samme lærdommen utfolde seg.
L'uomo con la clava era la legge: un padrone a cui obbedire.
Mannen med køllen var loven; en mester som skulle adlydes.
Non era necessario che gli piacesse, ma che gli si obbedisse.
Han trengte ikke å bli likt, men han måtte bli adlydt.
Buck non si è mai mostrato adulatore o scodinzolante come facevano i cani più deboli.

Buck aldri krypet eller logret slik som de svakere hundene gjorde.
Vide dei cani che erano stati picchiati e che continuavano a leccare la mano dell'uomo.
Han så hunder som var slått og som fortsatt slikket mannens hånd.
Vide un cane che non obbediva né si sottometteva affatto.
Han så én hund som verken ville adlyde eller bøye seg i det hele tatt.
Quel cane ha combattuto fino alla morte nella battaglia per il controllo.
Den hunden kjempet til den ble drept i kampen om kontroll.
A volte degli sconosciuti venivano a trovare l'uomo con il maglione rosso.
Fremmede kom noen ganger for å se mannen i rødgenseren.
Parlavano con toni strani, supplicando, contrattando e ridendo.
De snakket i en merkelig tone, tryglet, prutet og lo.
Dopo aver scambiato i soldi, se ne andavano con uno o più cani.
Da penger ble vekslet, dro de av gårde med én eller flere hunder.
Buck si chiese dove andassero questi cani, perché nessuno faceva mai ritorno.
Buck lurte på hvor disse hundene ble av, for ingen kom noen gang tilbake.
la paura dell'ignoto riempiva Buck ogni volta che un uomo sconosciuto si avvicinava
frykten for det ukjente fylte Buck hver gang en fremmed mann kom
era contento ogni volta che veniva preso un altro cane, al posto suo.
Han var glad hver gang en annen hund ble tatt, i stedet for ham selv.
Ma alla fine arrivò il turno di Buck con l'arrivo di uno strano uomo.

Men endelig kom Bucks tur med ankomsten av en fremmed mann.

Era piccolo, nervoso e parlava un inglese stentato e imprecava.

Han var liten, senete og snakket gebrokken engelsk og bannet.

"Sacredam!" urlò quando vide il corpo di Buck.

«Sacredam!» ropte han da han la øynene på Bucks kropp.

"Che cane maledetto e prepotente! Eh? Quanto costa?" chiese ad alta voce.

«Det er en forbanna bøllehund! Eh? Hvor mye?» spurte han høyt.

"Trecento, ed è un regalo a quel prezzo",

«Tre hundre, og han er en gave til den prisen»

"Dato che sono soldi del governo, non dovresti lamentarti, Perrault."

«Siden det er penger fra staten, burde du ikke klage, Perrault.»

Perrault sorrise pensando all'accordo che aveva appena concluso con quell'uomo.

Perrault smilte bredt av å høre avtalen han nettopp hadde inngått med mannen.

Il prezzo dei cani è salito alle stelle a causa della domanda improvvisa.

Prisen på hunder hadde steget kraftig på grunn av den plutselige etterspørselen.

Trecento dollari non erano ingiusti per una bestia così bella.

Tre hundre dollar var ikke urettferdig for et så fint dyr.

Il governo canadese non perderebbe nulla dall'accordo

Den kanadiske regjeringen ville ikke tape noe på avtalen

Né i loro comunicati ufficiali avrebbero subito ritardi nel trasporto.

Heller ikke ville deres offisielle forsendelser bli forsinket underveis.

Perrault conosceva bene i cani e capì che Buck era una rarità.

Perrault kjente hunder godt, og kunne se at Buck var noe sjeldent.

"Uno su dieci diecimila", pensò, mentre studiava la corporatura di Buck.

«Én av ti titusen,» tenkte han, mens han studerte Bucks kroppsbygning.

Buck vide il denaro cambiare di mano, ma non mostrò alcuna sorpresa.
Buck så pengene skifte hender, men viste ingen overraskelse.

Poco dopo lui e Curly, un gentile Terranova, furono portati via.
Snart ble han og Krøllete, en snill newfoundlander, ført bort.

Seguirono l'omino dal cortile della casa con il maglione rosso.
De fulgte den lille mannen fra den røde genserens hage.

Quella fu l'ultima volta che Buck vide l'uomo con la mazza di legno.
Det var det siste Buck noensinne så til mannen med trekjøllen.

Dal ponte del Narwhal guardò Seattle svanire in lontananza.
Fra Narhvalens dekk så han Seattle forsvinne i det fjerne.

Fu anche l'ultima volta che vide le calde terre del Sud.
Det var også siste gang han noensinne så det varme Sørlandet.

Perrault li portò sottocoperta e li lasciò con François.
Perrault tok dem med under dekk og etterlot dem hos François.

François era un gigante con la faccia nera e le mani ruvide e callose.
François var en svartansiktet kjempe med grove, hardhudede hender.

Era un uomo dalla carnagione scura e dalla carnagione scura, un meticcio franco-canadese.
Han var mørk og lubne; en halvblods fransk-kanadisk mann.

Per Buck, quegli uomini erano come non li aveva mai visti prima.
For Buck var disse mennene av et slag han aldri hadde sett før.

Nei giorni a venire avrebbe avuto modo di conoscere molti di questi uomini.
Han ville bli kjent med mange slike menn i dagene som kom.

Non cominciò ad affezionarsi a loro, ma finì per rispettarli.
Han ble ikke glad i dem, men han lærte å respektere dem.

Erano giusti e saggi e non si lasciavano ingannare facilmente da nessun cane.
De var rettferdige og kloke, og lot seg ikke lure av noen hund.
Giudicavano i cani con calma e punivano solo quando meritavano.
De dømte hunder rolig, og straffet bare når de var fortjent.
Sul ponte inferiore del Narwhal, Buck e Curly incontrarono due cani.
På Narhvalens nedre dekk møtte Buck og Krøllete to hunder.
Uno era un grosso cane bianco proveniente dalle lontane e gelide isole Spitzbergen.
Den ene var en stor hvit hund fra det fjerne, iskalde Spitsbergen.
In passato aveva navigato su una baleniera e si era unito a un gruppo di ricerca.
Han hadde en gang seilt med en hvalfangstmann og blitt med i en kartleggingsgruppe.
Era amichevole, ma astuto, subdolo e subdolo.
Han var vennlig på en slu, underhånds og utspekulert måte.
Al loro primo pasto, rubò un pezzo di carne dalla padella di Buck.
Ved deres første måltid stjal han et stykke kjøtt fra Bucks panne.
Buck saltò per punirlo, ma la frusta di François colpì per prima.
Buck hoppet for å straffe ham, men François' pisk traff først.
Il ladro bianco urlò e Buck reclamò l'osso rubato.
Den hvite tyven hylte, og Buck tok tilbake det stjålne beinet.
Questa correttezza colpì Buck e François si guadagnò il suo rispetto.
Den rettferdigheten imponerte Buck, og François fortjente hans respekt.
L'altro cane non lo salutò e non volle nessuno in cambio.
Den andre hunden hilste ikke, og ville ikke ha noe tilbake.
Non rubava il cibo, né annusava con interesse i nuovi arrivati.

Han stjal ikke mat, og snufset heller ikke interessert på de nyankomne.
Questo cane era cupo e silenzioso, cupo e lento nei movimenti.
Denne hunden var dyster og stille, dyster og treg i bevegelse.
Avvertì Curly di stargli lontano semplicemente lanciandole un'occhiata fulminante.
Han advarte Krøllete om å holde seg unna ved å bare stirre på henne.
Il suo messaggio era chiaro: lasciatemi in pace o saranno guai.
Beskjeden hans var klar: la meg være i fred, ellers blir det trøbbel.
Si chiamava Dave e non faceva quasi caso a ciò che lo circondava.
Han ble kalt Dave, og han la knapt merke til omgivelsene sine.
Dormiva spesso, mangiava tranquillamente e sbadigliava di tanto in tanto.
Han sov ofte, spiste stille og gjespet nå og da.

La nave ronzava costantemente con il rumore dell'elica sottostante.
Skipet summet konstant med den bankende propellen nedenfor.
I giorni passarono senza grandi cambiamenti, ma il clima si fece più freddo.
Dagene gikk med få forandringer, men været ble kaldere.
Buck se lo sentiva nelle ossa e notò che anche gli altri lo sentivano.
Buck kunne føle det i knoklene sine, og la merke til at de andre gjorde det også.
Poi una mattina l'elica si fermò e tutto rimase immobile.
Så en morgen stoppet propellen, og alt ble stående stille.
Un'energia percorse la nave: qualcosa era cambiato.
En energi feide gjennom skipet; noe hadde forandret seg.
François scese, li mise al guinzaglio e li portò su.
François kom ned, festet dem i bånd og førte dem opp.

Buck uscì e trovò il terreno morbido, bianco e freddo.
Buck gikk ut og fant bakken myk, hvit og kald.
Lui fece un balzo indietro allarmato e sbuffò in preda alla confusione più totale.
Han hoppet tilbake i alarm og fnøs i full forvirring.
Una strana sostanza bianca cadeva dal cielo grigio.
Merkelige hvite ting falt fra den grå himmelen.
Si scosse, ma i fiocchi bianchi continuavano a cadergli addosso.
Han ristet på seg, men de hvite flakene fortsatte å lande på ham.
Annusò attentamente la sostanza bianca e ne leccò alcuni pezzetti ghiacciati.
Han snuste forsiktig på den hvite substansen og slikket på noen iskalde biter.
La polvere bruciò come il fuoco e poi svanì subito dalla sua lingua.
Pulveret brant som ild, før det forsvant rett fra tungen hans.
Buck ci riprovò, sconcertato dallo strano freddo che svaniva.
Buck prøvde igjen, forvirret av den merkelige, forsvinnende kulden.
Gli uomini intorno a lui risero e Buck si sentì in imbarazzo.
Mennene rundt ham lo, og Buck følte seg flau.
Non sapeva perché, ma si vergognava della sua reazione.
Han visste ikke hvorfor, men han skammet seg over reaksjonen sin.
Era la sua prima esperienza con la neve e la cosa lo confuse.
Det var hans første erfaring med snø, og det forvirret ham.

La legge del bastone e della zanna
Loven om kølle og fang

Il primo giorno di Buck sulla spiaggia di Dyea è stato un terribile incubo.
Bucks første dag på Dyea-stranden føltes som et forferdelig mareritt.
Ogni ora portava con sé nuovi shock e cambiamenti inaspettati per Buck.
Hver time brakte nye sjokk og uventede forandringer for Buck.
Era stato strappato alla civiltà e gettato nel caos più totale.
Han hadde blitt trukket ut av sivilisasjonen og kastet ut i et vilt kaos.
Questa non era una vita soleggiata e pigra, fatta di noia e riposo.
Dette var ikke noe solrikt, lat liv med kjedsomhet og hvile.
Non c'era pace, né riposo, né momento senza pericolo.
Det var ingen fred, ingen hvile og intet øyeblikk uten fare.
La confusione regnava su tutto e il pericolo era sempre vicino.
Forvirring hersket over alt, og faren var alltid nær.
Buck doveva stare attento perché quegli uomini e quei cani erano diversi.
Buck måtte være årvåken fordi disse mennene og hundene var forskjellige.
Non provenivano da città; erano selvaggi e spietati.
De var ikke fra byer; de var ville og uten nåde.
Questi uomini e questi cani conoscevano solo la legge del bastone e della zanna.
Disse mennene og hundene kjente bare loven om kølle og hoggtennen.
Buck non aveva mai visto dei cani combattere come questi feroci husky.
Buck hadde aldri sett hunder slåss slik som disse ville huskyene.

La sua prima esperienza gli insegnò una lezione che non avrebbe mai dimenticato.
Hans første erfaring lærte ham en lekse han aldri ville glemme.
Fu una fortuna che non fosse lui, altrimenti sarebbe morto anche lui.
Han var heldig at det ikke var ham, ellers ville han også ha dødd.
Curly era quello che soffriva, mentre Buck osservava e imparava.
Det var Krøllete som led mens Buck så på og lærte.
Si erano accampati vicino a un deposito costruito con tronchi.
De hadde slått leir i nærheten av et lager bygget av tømmerstokker.
Curly cercò di essere amichevole con un grosso husky simile a un lupo.
Krøllete prøvde å være vennlig mot en stor, ulvelignende husky.
L'husky era più piccolo di Curly, ma aveva un aspetto selvaggio e cattivo.
Huskyen var mindre enn Krøllete, men så vill og slem ut.
Senza preavviso, lui saltò su e le tagliò il viso.
Uten forvarsel hoppet han og skar opp ansiktet hennes.
Con un solo movimento i suoi denti le tagliarono l'occhio fino alla mascella.
Tennene hans skar fra øyet hennes og ned til kjeven hennes i ett trekk.
Ecco come combattevano i lupi: colpivano velocemente e saltavano via.
Slik kjempet ulver – slo raskt og hoppet unna.
Ma c'era molto di più da imparare da quell'unico attacco.
Men det var mer å lære enn av det ene angrepet.
Decine di husky si precipitarono dentro e formarono un cerchio silenzioso.
Dusinvis av huskyer stormet inn og dannet en stille sirkel.

Osservavano attentamente e si leccavano le labbra per la fame.
De så nøye på og slikket seg om leppene av sult.
Buck non capiva il loro silenzio né i loro occhi ansiosi.
Buck forsto ikke tausheten deres eller de ivrige blikkene deres.
Curly si lanciò ad attaccare l'husky una seconda volta.
Krøllete skyndte seg for å angripe huskyen for andre gang.
Usò il suo petto per buttarla a terra con un movimento violento.
Han brukte brystet til å velte henne med et kraftig bevegelse.
Cadde su un fianco e non riuscì più a rialzarsi.
Hun falt på siden og klarte ikke å reise seg igjen.
Era proprio quello che gli altri aspettavano da tempo.
Det var det de andre hadde ventet på hele tiden.
Gli husky le saltarono addosso, guaindo e ringhiando freneticamente.
Huskiene hoppet på henne, hylte og knurret i et vanvidd.
Lei urlò mentre la seppellivano sotto una pila di cani.
Hun skrek mens de begravde henne under en haug med hunder.
L'attacco fu così rapido che Buck rimase immobile per lo shock.
Angrepet var så raskt at Buck frøs til av sjokk.
Vide Spitz tirare fuori la lingua in un modo che sembrava una risata.
Han så Spitz strekke ut tungen på en måte som lignet en latter.
François afferrò un'ascia e corse dritto verso il gruppo di cani.
François grep en øks og løp rett inn i hundeflokken.
Altri tre uomini hanno usato dei manganelli per allontanare gli husky.
Tre andre menn brukte køller for å hjelpe med å jage bort huskyene.
In soli due minuti la lotta finì e i cani se ne andarono.
På bare to minutter var kampen over og hundene var borte.
Curly giaceva morta nella neve rossa calpestata, con il corpo fatto a pezzi.

Krøllete lå død i den røde, nedtrampede snøen, kroppen hennes revet i stykker.
Un uomo dalla pelle scura era in piedi davanti a lei, maledicendo la scena brutale.
En mørkhudet mann sto over henne og forbannet den brutale scenen.
Il ricordo rimase con Buck e ossessionò i suoi sogni notturni.
Minnet ble værende hos Buck og hjemsøkte drømmene hans om natten.
Ecco come funzionava: niente equità, niente seconda possibilità.
Det var måten det var her; ingen rettferdighet, ingen ny sjanse.
Una volta caduto un cane, gli altri lo uccidevano senza pietà.
Når en hund falt, ville de andre drepe uten nåde.
Buck decise allora che non si sarebbe mai lasciato cadere.
Buck bestemte seg da for at han aldri skulle tillate seg selv å falle.
Spitz tirò fuori di nuovo la lingua e rise guardando il sangue.
Spitz stakk ut tungen igjen og lo av blodet.
Da quel momento in poi, Buck odiò Spitz con tutto il cuore.
Fra det øyeblikket av hatet Buck Spitz av hele sitt hjerte.

Prima che Buck potesse riprendersi dalla morte di Curly, accadde qualcosa di nuovo.
Før Buck rakk å komme seg etter Krølletes død, skjedde det noe nytt.
François si avvicinò e legò qualcosa attorno al corpo di Buck.
François kom bort og bandt noe rundt Bucks kropp.
Era un'imbracatura simile a quelle usate per i cavalli al ranch.
Det var en sele som de som brukes på hester på ranchen.
Così come Buck aveva visto lavorare i cavalli, ora era costretto a lavorare anche lui.
Akkurat som Buck hadde sett hester arbeide, måtte han nå også arbeide.
Dovette trascinare François su una slitta nella foresta vicina.

Han måtte trekke François på en slede inn i skogen i nærheten.
Poi dovette trascinare indietro un pesante carico di legna da ardere.
Så måtte han dra tilbake et lass med tung ved.
Buck era orgoglioso e gli faceva male essere trattato come un animale da lavoro.
Buck var stolt, så det såret ham å bli behandlet som et arbeidsdyr.
Ma era saggio e non cercò di combattere la nuova situazione.
Men han var klok og prøvde ikke å kjempe mot den nye situasjonen.
Accettò la sua nuova vita e diede il massimo in ogni compito.
Han aksepterte sitt nye liv og ga sitt beste i enhver oppgave.
Tutto di quel lavoro gli risultava strano e sconosciuto.
Alt ved arbeidet var merkelig og uvant for ham.
François era severo e pretendeva obbedienza senza indugio.
François var streng og krevde lydighet uten forsinkelse.
La sua frusta garantiva che ogni comando venisse eseguito immediatamente.
Pisken hans sørget for at hver kommando ble fulgt med en gang.
Dave era il timoniere, il cane più vicino alla slitta dietro Buck.
Dave var sledens sjåfør, hunden nærmest sleden bak Buck.
Se commetteva un errore, Dave mordeva Buck sulle zampe posteriori.
Dave bet Buck i bakbeina hvis han gjorde en feil.
Spitz era il cane guida, abile ed esperto nel ruolo.
Spitz var lederhunden, dyktig og erfaren i rollen.
Spitz non riusciva a raggiungere Buck facilmente, ma lo corresse comunque.
Spitz klarte ikke å nå Buck lett, men korrigerte ham likevel.
Ringhiava aspramente o tirava la slitta in modi che insegnavano a Buck.
Han knurret hardt eller trakk sleden på måter som lærte Buck.

Grazie a questo addestramento, Buck imparò più velocemente di quanto tutti si aspettassero.
Under denne opplæringen lærte Buck raskere enn noen av dem forventet.
Lavorò duramente e imparò sia da François che dagli altri cani.
Han jobbet hardt og lærte av både François og de andre hundene.
Quando tornarono, Buck conosceva già i comandi chiave.
Da de kom tilbake, kunne Buck allerede nøkkelkommandoene.
Imparò a fermarsi al suono della parola "oh" di François.
Han lærte å stoppe ved lyden av «ho» fra François.
Imparò quando era il momento di tirare la slitta e correre.
Han lærte når han måtte trekke sleden og løpe.
Imparò a svoltare senza problemi nelle curve del sentiero.
Han lærte å svinge bredt i svinger på stien uten problemer.
Imparò anche a evitare Dave quando la slitta scendeva velocemente.
Han lærte også å unngå Dave når sleden gikk fort nedoverbakke.
"Sono cani molto buoni", disse orgoglioso François a Perrault.
«De er veldig flinke hunder», sa François stolt til Perrault.
"Quel Buck tira come un dannato, glielo insegno subito."
«Den Bucken drar som bare det – jeg lærer ham opp så fort som ingenting.»

Più tardi quel giorno, Perrault tornò con altri due husky.
Senere samme dag kom Perrault tilbake med to huskyhunder til.
Si chiamavano Billee e Joe ed erano fratelli.
De hette Billee og Joe, og de var brødre.
Provenivano dalla stessa madre, ma non erano affatto simili.
De kom fra samme mor, men var ikke like i det hele tatt.
Billee era un tipo dolce e molto amichevole con tutti.
Billee var godhjertet og altfor vennlig med alle.

Joe era l'opposto: silenzioso, arrabbiato e sempre ringhiante.
Joe var det motsatte – stille, sint og alltid knurrende.
Buck li salutò amichevolmente e si mantenne calmo con entrambi.
Buck hilste vennlig på dem og var rolig med begge.
Dave non prestò loro attenzione e rimase in silenzio come al solito.
Dave brydde seg ikke om dem og forble taus som vanlig.
Spitz attaccò prima Billee, poi Joe, per dimostrare la sua superiorità.
Spitz angrep først Billee, deretter Joe, for å vise sin dominans.
Billee scodinzolava e cercava di essere amichevole con Spitz.
Billee logret med halen og prøvde å være vennlig mot Spitz.
Quando questo non funzionò, cercò di scappare.
Da det ikke fungerte, prøvde han å stikke av i stedet.
Pianse tristemente quando Spitz lo morse forte sul fianco.
Han gråt dystert da Spitz bet ham hardt i siden.
Ma Joe era molto diverso e si rifiutava di farsi prendere in giro.
Men Joe var veldig annerledes og nektet å bli mobbet.
Ogni volta che Spitz si avvicinava, Joe si girava velocemente per affrontarlo.
Hver gang Spitz kom nær, snudde Joe seg raskt for å møte ham.
La sua pelliccia si drizzò, le sue labbra si arricciarono e i suoi denti schioccarono selvaggiamente.
Pelsen hans strittet, leppene hans krøllet seg, og tennene hans knakk vilt.
Gli occhi di Joe brillavano di paura e rabbia, sfidando Spitz a colpire.
Joes øyne glitret av frykt og raseri, og utfordret Spitz til å slå til.
Spitz abbandonò la lotta e si voltò, umiliato e arrabbiato.
Spitz ga opp kampen og snudde seg bort, ydmyket og sint.
Sfogò la sua frustrazione sul povero Billee e lo cacciò via.
Han lot frustrasjonen sin gå ut over stakkars Billee og jaget ham vekk.

Quella sera Perrault aggiunse un altro cane alla squadra.
Den kvelden la Perrault til enda en hund i spannet.
Questo cane era vecchio, magro e coperto di cicatrici di battaglia.
Denne hunden var gammel, mager og dekket av arr fra krigsår.
Gli mancava un occhio, ma l'altro brillava di potere.
Det ene øyet hans manglet, men det andre glitret av kraft.
Il nome del nuovo cane era Solleks, che significa "l'Arrabbiato".
Den nye hundens navn var Solleks, som betydde Den Sinte.
Come Dave, Solleks non chiedeva nulla agli altri e non dava nulla in cambio.
I likhet med Dave ba Solleks ikke om noe fra andre, og ga ingenting tilbake.
Quando Solleks entrò lentamente nell'accampamento, persino Spitz rimase lontano.
Da Solleks gikk sakte inn i leiren, holdt selv Spitz seg unna.
Aveva una strana abitudine che Buck ebbe la sfortuna di scoprire.
Han hadde en merkelig vane som Buck var uheldig å oppdage.
Solleks detestava essere avvicinato dal lato in cui era cieco.
Solleks hatet å bli kontaktet fra den siden hvor han var blind.
Buck non lo sapeva e commise quell'errore per sbaglio.
Buck visste ikke dette og gjorde den feilen ved et uhell.
Solleks si voltò di scatto e colpì la spalla di Buck in modo profondo e rapido.
Solleks snudde seg rundt og skar Buck dypt og raskt i skulderen.
Da quel momento in poi, Buck non si avvicinò mai più al lato cieco di Solleks.
Fra det øyeblikket av kom Buck aldri i nærheten av Solleks' blinde side.
Non ebbero mai più problemi per il resto del tempo che trascorsero insieme.

De hadde aldri problemer igjen resten av tiden de var sammen.
Solleks voleva solo essere lasciato solo, come il tranquillo Dave.
Solleks ville bare bli i fred, som stille Dave.
Ma Buck avrebbe scoperto in seguito che ognuno di loro aveva un altro obiettivo segreto.
Men Buck skulle senere få vite at de hver hadde et annet hemmelig mål.
Quella notte Buck si trovò ad affrontare una nuova e preoccupante sfida: come dormire.
Den natten sto Buck overfor en ny og problematisk utfordring – hvordan han skulle sove.
La tenda era illuminata caldamente dalla luce delle candele nel campo innevato.
Teltet glødet varmt av levende lys i den snødekte feltet.
Buck entrò, pensando che lì avrebbe potuto riposare come prima.
Buck gikk inn og tenkte at han kunne hvile der som før.
Ma Perrault e François gli urlarono contro e gli tirarono delle padelle.
Men Perrault og François ropte til ham og kastet panner.
Sconvolto e confuso, Buck corse fuori nel freddo gelido.
Sjokkert og forvirret løp Buck ut i den iskalde kulden.
Un vento gelido gli pungeva la spalla ferita e gli congelava le zampe.
En bitter vind sved i den sårede skulderen hans og frøs til frøs potene hans.
Si sdraiò sulla neve e cercò di dormire all'aperto.
Han la seg ned i snøen og prøvde å sove ute i det fri.
Ma il freddo lo costrinse presto a rialzarsi, tremando forte.
Men kulden tvang ham snart til å reise seg igjen, skjelvende.
Vagò per l'accampamento, cercando di trovare un posto più caldo.
Han vandret gjennom leiren og prøvde å finne et varmere sted.
Ma ogni angolo era freddo come quello precedente.

Men hvert hjørne var like kaldt som det forrige.
A volte dei cani feroci gli saltavano addosso dall'oscurità.
Noen ganger hoppet ville hunder mot ham fra mørket.
Buck drizzò il pelo, scoprì i denti e ringhiò in tono ammonitore.
Buck strittet i pelsen, viste tennene og glefset advarende.
Lui stava imparando in fretta e gli altri cani si sono subito tirati indietro.
Han lærte fort, og de andre hundene trakk seg raskt unna.
Tuttavia, non aveva un posto dove dormire e non aveva idea di cosa fare.
Likevel hadde han ikke noe sted å sove, og ante ikke hva han skulle gjøre.
Alla fine gli venne in mente un pensiero: andare a dare un'occhiata ai suoi compagni di squadra.
Endelig slo ham en tanke – sjekke hvordan det går med lagkameratene sine.
Ritornò nella loro zona e rimase sorpreso nel constatare che non c'erano più.
Han dro tilbake til området deres og ble overrasket over å finne dem borte.
Cercò di nuovo nell'accampamento, ma ancora non riuscì a trovarli.
Igjen lette han gjennom leiren, men fant dem fortsatt ikke.
Sapeva che loro non potevano stare nella tenda, altrimenti ci sarebbe stato anche lui.
Han visste at de ikke kunne være i teltet, ellers ville han også være det.
E allora, dove erano finiti tutti i cani in quell'accampamento ghiacciato?
Så hvor hadde alle hundene blitt av i denne frosne leiren?
Buck, infreddolito e infelice, girò lentamente intorno alla tenda.
Buck, kald og ulykkelig, sirklet sakte rundt teltet.
All'improvviso, le sue zampe anteriori sprofondarono nella neve soffice e lo spaventarono.

Plutselig sank forbeina hans ned i den myke snøen og skremte ham.
Qualcosa si mosse sotto i suoi piedi e lui fece un salto indietro per la paura.
Noe vred seg under føttene hans, og han hoppet bakover i frykt.
Ringhiava e ringhiava, non sapendo cosa si nascondesse sotto la neve.
Han knurret og glefset, uten å vite hva som lå under snøen.
Poi udì un piccolo abbaio amichevole che placò la sua paura.
Så hørte han et vennlig lite bjeff som dempet frykten hans.
Annusò l'aria e si avvicinò per vedere cosa fosse nascosto.
Han snuste i luften og kom nærmere for å se hva som var skjult.
Sotto la neve, rannicchiata in una calda palla, c'era la piccola Billee.
Under snøen, krøllet sammen til en varm ball, lå lille Billee.
Billee scodinzolò e leccò il muso di Buck per salutarlo.
Billee logret med halen og slikket Buck i ansiktet for å hilse på ham.
Buck vide come Billee si era costruito un posto per dormire nella neve.
Buck så hvordan Billee hadde laget en soveplass i snøen.
Aveva scavato e sfruttato il suo calore per scaldarsi.
Han hadde gravd seg ned og brukt sin egen varme for å holde seg varm.
Buck aveva imparato un'altra lezione: ecco come dormivano i cani.
Buck hadde lært en annen lekse – det var slik hundene sov.
Scelse un posto e cominciò a scavare la sua buca nella neve.
Han valgte et sted og begynte å grave sitt eget hull i snøen.
All'inizio si muoveva troppo e sprecava energie.
I starten beveget han seg for mye og sløste med energi.
Ma ben presto il suo corpo riscaldò lo spazio e si sentì al sicuro.
Men snart varmet kroppen hans opp rommet, og han følte seg trygg.

Si rannicchiò forte e poco dopo si addormentò profondamente.
Han krøllet seg tett sammen, og det tok ikke lang tid før han sov dypt.
La giornata era stata lunga e dura e Buck era esausto.
Dagen hadde vært lang og hard, og Buck var utslitt.
Dormì profondamente e comodamente, anche se fece sogni selvaggi.
Han sov dypt og komfortabelt, selv om drømmene hans var ville.
Ringhiava e abbaiava nel sonno, contorcendosi mentre sognava.
Han knurret og bjeffet i søvne, og vred seg mens han drømte.

Buck non si svegliò finché l'accampamento non cominciò a prendere vita.
Buck våknet ikke før leiren allerede våknet til liv.
All'inizio non sapeva dove si trovasse o cosa fosse successo.
Først visste han ikke hvor han var eller hva som hadde skjedd.
La neve era caduta durante la notte e aveva seppellito completamente il suo corpo.
Snø hadde falt over natten og begravd kroppen hans fullstendig.
La neve lo circondava, fitta su tutti i lati.
Snøen presset seg tett rundt ham på alle kanter.
All'improvviso un'ondata di paura percorse tutto il corpo di Buck.
Plutselig fór en bølge av frykt gjennom hele Bucks kropp.
Era la paura di rimanere intrappolati, una paura che proveniva da istinti profondi.
Det var frykten for å bli fanget, en frykt fra dype instinkter.
Sebbene non avesse mai visto una trappola, la paura era viva dentro di lui.
Selv om han aldri hadde sett en felle, levde frykten inni ham.
Era un cane addomesticato, ma ora i suoi vecchi istinti selvaggi si stavano risvegliando.

Han var en tam hund, men nå våknet hans gamle ville instinkter.
I muscoli di Buck si irrigidirono e il pelo gli si rizzò su tutta la schiena.
Bucks muskler strammet seg, og pelsen hans reiste seg over hele ryggen.
Ringhiò furiosamente e balzò in piedi nella neve.
Han knurret voldsomt og sprang rett opp gjennom snøen.
La neve volava in ogni direzione mentre lui irrompeva nella luce del giorno.
Snøen fløy i alle retninger idet han brøt ut i dagslyset.
Ancora prima di atterrare, Buck vide l'accampamento disteso davanti a lui.
Selv før landing så Buck leiren brede seg ut foran seg.
Ricordò tutto del giorno prima, tutto in una volta.
Han husket alt fra dagen før, på en gang.
Ricordava di aver passeggiato con Manuel e di essere finito in quel posto.
Han husket at han spaserte med Manuel og endte opp på dette stedet.
Ricordava di aver scavato la buca e di essersi addormentato al freddo.
Han husket at han gravde hullet og sovnet i kulden.
Ora era sveglio e il mondo selvaggio intorno a lui era limpido.
Nå var han våken, og den ville verden rundt ham var klar.
Un grido di François annunciò l'improvvisa apparizione di Buck.
Et rop fra François hyllet Bucks plutselige opptreden.
"Cosa ho detto?" gridò a gran voce il conducente del cane a Perrault.
«Hva sa jeg?» ropte hundeføreren høyt til Perrault.
"Quel Buck impara sicuramente in fretta", ha aggiunto François.
«Den Buck lærer jo så absolutt fort,» la François til.
Perrault annuì gravemente, visibilmente soddisfatto del risultato.

Perrault nikket alvorlig, tydelig fornøyd med resultatet.
In qualità di corriere del governo canadese, trasportava dispacci.
Som kurer for den kanadiske regjeringen fraktet han forsendelser.
Era ansioso di trovare i cani migliori per la sua importante missione.
Han var ivrig etter å finne de beste hundene til sitt viktige oppdrag.
Ora si sentiva particolarmente contento che Buck facesse parte della squadra.
Han følte seg spesielt fornøyd nå som Buck var en del av laget.
Nel giro di un'ora, alla squadra furono aggiunti altri tre husky.
Tre nye huskyer ble lagt til teamet i løpet av en time.
Ciò ha portato il numero totale dei cani della squadra a nove.
Det brakte det totale antallet hunder i laget til ni.
Nel giro di quindici minuti tutti i cani erano imbracati.
Innen femten minutter var alle hundene i selene sine.
La squadra di slitte stava risalendo il sentiero verso Dyea Cañon.
Akespannet svingte oppover stien mot Dyea Cañon.
Buck era contento di andarsene, anche se il lavoro che lo attendeva era duro.
Buck var glad for å dra, selv om arbeidet som lå foran ham var hardt.
Scoprì di non disprezzare particolarmente né il lavoro né il freddo.
Han fant ut at han ikke spesielt foraktet arbeidet eller kulden.
Fu sorpreso dall'entusiasmo che pervadeva tutta la squadra.
Han ble overrasket over iveren som fylte hele laget.
Ancora più sorprendente fu il cambiamento avvenuto in Dave e Solleks.
Enda mer overraskende var forandringen som hadde kommet over Dave og Solleks.
Questi due cani erano completamente diversi quando venivano imbrigliati.

Disse to hundene var helt forskjellige da de var i sele.
La loro passività e la loro disattenzione erano completamente scomparse.
Deres passivitet og mangel på bekymring hadde forsvunnet fullstendig.
Erano attenti e attivi, desiderosi di svolgere bene il loro lavoro.
De var årvåkne og aktive, og ivrige etter å gjøre jobben sin bra.
Si irritavano ferocemente per qualsiasi cosa provocasse ritardi o confusione.
De ble voldsomt irriterte over alt som forårsaket forsinkelse eller forvirring.
Il duro lavoro sulle redini era il centro del loro intero essere.
Det harde arbeidet med tøylene var sentrum for hele deres vesen.
Sembrava che l'unica cosa che gli piacesse davvero fosse tirare la slitta.
Aketrekking så ut til å være det eneste de virkelig likte.
Dave era in fondo al gruppo, il più vicino alla slitta.
Dave var bakerst i gruppen, nærmest selve sleden.
Buck fu messo davanti a Dave e Solleks superò Buck.
Buck ble plassert foran Dave, og Solleks trakk seg foran Buck.
Il resto dei cani era disposto in fila indiana davanti a loro.
Resten av hundene lå langs rekke foran i én rekke.
La posizione di testa in prima linea era occupata da Spitz.
Lederposisjonen foran ble fylt av Spitz.
Buck era stato messo tra Dave e Solleks per essere istruito.
Buck hadde blitt plassert mellom Dave og Solleks for instruksjon.
Lui imparava in fretta e gli insegnanti erano risoluti e capaci.
Han lærte raskt, og de var bestemte og dyktige lærere.
Non permisero mai a Buck di restare a lungo nell'errore.
De lot aldri Buck forbli i villfarelse lenge.
Quando necessario, impartivano le lezioni con denti affilati.
De underviste med skarpe tenner når det var nødvendig.
Dave era giusto e dimostrava una saggezza pacata e seria.
Dave var rettferdig og viste en stille, seriøs form for visdom.

Non mordeva mai Buck senza una buona ragione.
Han bet aldri Buck uten en god grunn til det.
Ma non mancava mai di mordere quando Buck aveva bisogno di essere corretto.
Men han unnlot aldri å bite når Buck trengte korrigering.
La frusta di François era sempre pronta e sosteneva la loro autorità.
François' pisk var alltid klar og støttet opp om autoriteten deres.
Buck scoprì presto che era meglio obbedire che reagire.
Buck fant snart ut at det var bedre å adlyde enn å slå tilbake.
Una volta, durante un breve riposo, Buck rimase impigliato nelle redini.
En gang, under en kort hvil, viklet Buck seg inn i tøylene.
Ritardò la partenza e confuse i movimenti della squadra.
Han forsinket starten og forvirret lagets bevegelser.
Dave e Solleks si avventarono su di lui e lo picchiarono duramente.
Dave og Solleks fór mot ham og ga ham en hard juling.
La situazione peggiorò ulteriormente, ma Buck imparò bene la lezione.
Floken ble bare verre, men Buck lærte leksa si godt.
Da quel momento in poi tenne le redini tese e lavorò con attenzione.
Fra da av holdt han tømmene stramt og arbeidet forsiktig.
Prima che la giornata finisse, Buck aveva portato a termine gran parte del suo compito.
Før dagen var omme, hadde Buck mestret mye av oppgaven sin.
I suoi compagni di squadra quasi smisero di correggerlo o di morderlo.
Lagkameratene hans holdt nesten på å slutte å korrigere eller bite ham.
La frusta di François schioccava nell'aria sempre meno spesso.
François' pisk knitret sjeldnere og sjeldnere gjennom luften.

Perrault sollevò addirittura i piedi di Buck ed esaminò attentamente ogni zampa.
Perrault løftet til og med Bucks føtter og undersøkte nøye hver pote.
Era stata una giornata di corsa dura, lunga ed estenuante per tutti loro.
Det hadde vært en hard løpetur, lang og slitsom for dem alle.
Risalirono il Cañon, attraversarono Sheep Camp e superarono le Scales.
De reiste opp Cañon, gjennom Sheep Camp og forbi Scales.
Superarono il limite della vegetazione arborea, poi ghiacciai e cumuli di neve alti diversi metri.
De krysset tømmergrensen, deretter isbreer og snøfonner mange meter dype.
Scalarono il grande e freddo Chilkoot Divide.
De klatret den store, kalde og forferdelige Chilkoot-kløften.
Quella cresta elevata si ergeva tra l'acqua salata e l'interno ghiacciato.
Den høye åskammen lå mellom saltvann og det frosne indre.
Le montagne custodivano il triste e solitario Nord con ghiaccio e ripide salite.
Fjellene voktet det triste og ensomme Nord med is og bratte stigninger.
Scesero rapidamente lungo una lunga catena di laghi sotto la dorsale.
De hadde god tid nedover en lang rekke med innsjøer nedenfor grensen.
Questi laghi riempivano gli antichi crateri di vulcani spenti.
Disse innsjøene fylte de gamle kratrene til utdødde vulkaner.
Quella notte tardi raggiunsero un grande accampamento presso il lago Bennett.
Sent den kvelden nådde de en stor leir ved Lake Bennett.
Migliaia di cercatori d'oro erano lì, intenti a costruire barche per la primavera.
Tusenvis av gullsøkere var der og bygde båter til våren.
Il ghiaccio si sarebbe presto rotto e dovevano essere pronti.
Isen skulle snart bryte opp, og de måtte være forberedt.

Buck scavò la sua buca nella neve e cadde in un sonno profondo.
Buck gravde hullet sitt i snøen og falt i en dyp søvn.
Dormiva come un lavoratore, esausto dopo una dura giornata di lavoro.
Han sov som en arbeider, utmattet etter den harde dagen med slit.
Ma venne strappato al sonno troppo presto, nell'oscurità.
Men altfor tidlig i mørket ble han dratt ut av søvnen.
Fu nuovamente imbrigliato insieme ai suoi compagni e attaccato alla slitta.
Han ble spennt for sele sammen med kameratene sine igjen og festet til sleden.
Quel giorno percorsero quaranta miglia, perché la neve era ben calpestata.
Den dagen tilbakela de førti mil, fordi snøen var godt tråkket.
Il giorno dopo, e per molti giorni a seguire, la neve era soffice.
Dagen etter, og i mange dager etter, var snøen myk.
Dovettero farsi strada da soli, lavorando di più e muovendosi più lentamente.
De måtte lage stien selv, jobbe hardere og bevege seg saktere.
Di solito, Perrault camminava davanti alla squadra con le ciaspole palmate.
Vanligvis gikk Perrault foran laget med truger med svømmehud.
I suoi passi compattavano la neve, facilitando lo spostamento della slitta.
Skrittene hans pakket snøen, noe som gjorde det lettere for sleden å bevege seg.
François, che era al timone della barca a vela, a volte prendeva il comando.
François, som styrte fra gee-polen, tok noen ganger over.
Ma era raro che François prendesse l'iniziativa
Men det var sjelden at François tok ledelsen
perché Perrault aveva fretta di consegnare le lettere e i pacchi.

fordi Perrault hadde det travelt med å levere brevene og pakkene.
Perrault era orgoglioso della sua conoscenza della neve, e in particolare del ghiaccio.
Perrault var stolt av sin kunnskap om snø, og spesielt is.
Questa conoscenza era essenziale perché il ghiaccio autunnale era pericolosamente sottile.
Den kunnskapen var viktig, for høstisen var farlig tynn.
Dove l'acqua scorreva rapidamente sotto la superficie non c'era affatto ghiaccio.
Der vannet rant raskt under overflaten, var det ingen is i det hele tatt.

Giorno dopo giorno, la stessa routine si ripeteva senza fine.
Dag etter dag gjentok den samme rutinen seg uten ende.
Buck lavorava senza sosta con le redini, dall'alba alla sera.
Buck slet uendelig i tømmene fra daggry til natt.
Lasciarono l'accampamento al buio, molto prima che sorgesse il sole.
De forlot leiren i mørket, lenge før solen hadde stått opp.
Quando spuntò l'alba, avevano già percorso molti chilometri.
Da dagslyset kom, var mange mil allerede bak dem.
Si accamparono dopo il tramonto, mangiando pesce e scavando buche nella neve.
De slo leir etter mørkets frembrudd, spiste fisk og gravde seg ned i snøen.
Buck era sempre affamato e non era mai veramente soddisfatto della sua razione.
Buck var alltid sulten og aldri helt fornøyd med rasjonen sin.
Riceveva ogni giorno mezzo chilo di salmone essiccato.
Han fikk halvannet pund tørket laks hver dag.
Ma il cibo sembrò svanire dentro di lui, lasciandogli solo la fame.
Men maten syntes å forsvinne inni ham, og etterlot sulten.
Soffriva di continui morsi della fame e sognava di avere più cibo.

Han led av konstant sultfølelse og drømte om mer mat.
Gli altri cani hanno ricevuto solo mezzo chilo di cibo, ma sono rimasti forti.
De andre hundene fikk bare ett pund mat, men de holdt seg sterke.
Erano più piccoli ed erano nati in una società nordica.
De var mindre, og hadde blitt født inn i det nordlige livet.
Perse rapidamente la pignoleria che aveva caratterizzato la sua vecchia vita.
Han mistet raskt den kresenheten som hadde preget hans gamle liv.
Fino a quel momento era stato un mangiatore prelibato, ma ora non gli era più possibile.
Han hadde vært en finspiser, men nå var ikke det lenger mulig.
I suoi compagni arrivarono primi e gli rubarono la razione rimasta.
Kameratene hans ble først ferdige og frarøvet ham den uferdige rasjonen.
Una volta cominciati, non c'era più modo di difendere il cibo da loro.
Da de først hadde begynt, var det ingen måte å forsvare maten hans mot dem.
Mentre lui lottava contro due o tre cani, gli altri rubarono il resto.
Mens han kjempet mot to eller tre hunder, stjal de andre resten.
Per risolvere il problema, cominciò a mangiare velocemente come mangiavano gli altri.
For å fikse dette begynte han å spise like fort som de andre spiste.
La fame lo spingeva così forte che arrivò persino a prendere del cibo non suo.
Sulten presset ham så hardt at han til og med spiste mat som ikke var sin egen.
Osservò gli altri e imparò rapidamente dalle loro azioni.
Han så på de andre og lærte raskt av handlingene deres.

Vide Pike, un nuovo cane, rubare una fetta di pancetta a Perrault.
Han så Pike, en ny hund, stjele en skive bacon fra Perrault.
Pike aveva aspettato che Perrault gli voltasse le spalle per rubare la pagnotta.
Pike hadde ventet til Perrault ble vendt ryggen til før han stjal baconet.
Il giorno dopo, Buck copiò Pike e rubò l'intero pezzo.
Dagen etter kopierte Buck Pike og stjal hele delen.
Seguì un gran tumulto, ma Buck non fu sospettato.
Et stort oppstyr fulgte, men Buck ble ikke mistenkt.
Al suo posto venne punito Dub, un cane goffo che veniva sempre beccato.
Dub, en klønete hund som alltid ble tatt, ble straffet i stedet.
Quel primo furto fece di Buck un cane adatto a sopravvivere al Nord.
Det første tyveriet markerte Buck som en hund som var skikket til å overleve i Nord.
Ha dimostrato di sapersi adattare alle nuove condizioni e di saper imparare rapidamente.
Han viste at han kunne tilpasse seg nye forhold og lære raskt.
Senza tale adattabilità, sarebbe morto rapidamente e gravemente.
Uten en slik tilpasningsevne ville han ha dødd raskt og stygt.
Segnò anche il crollo della sua natura morale e dei suoi valori passati.
Det markerte også sammenbruddet av hans moralske natur og tidligere verdier.
Nel Southland aveva vissuto secondo la legge dell'amore e della gentilezza.
I Sørlandet hadde han levd under kjærlighetens og godhetens lov.
Lì aveva senso rispettare la proprietà e i sentimenti degli altri cani.
Der var det fornuftig å respektere eiendom og andre hunders følelser.

Ma i Northland seguivano la legge del bastone e la legge della zanna.
Men Nordlandet fulgte loven om kølle og loven om fang.
Chiunque rispettasse i vecchi valori era uno sciocco e avrebbe fallito.
Den som respekterte gamle verdier her var tåpelig og ville mislykkes.
Buck non rifletté su tutto questo nella sua mente.
Buck resonnerte ikke alt dette ut i sitt sinn.
Era in forma e quindi si adattò senza pensarci due volte.
Han var i form, så han justerte seg uten å måtte tenke.
In tutta la sua vita non era mai fuggito da una rissa.
Hele livet hadde han aldri rømt fra en slåsskamp.
Ma la mazza di legno dell'uomo con il maglione rosso cambiò la regola.
Men trekjøllen til mannen i den røde genseren endret den regelen.
Ora seguiva un codice più profondo e antico, inscritto nel suo essere.
Nå fulgte han en dypere, eldre kode skrevet inn i hans vesen.
Non rubava per piacere, ma per il dolore della fame.
Han stjal ikke av nytelse, men av sultens smerte.
Non rubava mai apertamente, ma rubava con astuzia e attenzione.
Han ranet aldri åpenlyst, men stjal med list og forsiktighet.
Agì per rispetto verso la clava di legno e per paura delle zanne.
Han handlet av respekt for trekjøllen og frykt for hoggtannen.
In breve, ha fatto ciò che era più facile e sicuro che non farlo.
Kort sagt, han gjorde det som var enklere og tryggere enn å ikke gjøre det.
Il suo sviluppo, o forse il suo ritorno ai vecchi istinti, fu rapido.
Utviklingen hans – eller kanskje tilbakekomsten til gamle instinkter – gikk raskt.
I suoi muscoli si indurirono fino a diventare forti come il ferro.

Musklene hans stivnet til de føltes sterke som jern.
Non gli importava più del dolore, a meno che non fosse grave.
Han brydde seg ikke lenger om smerte, med mindre den var alvorlig.
Divenne efficiente dentro e fuori, senza sprecare nulla.
Han ble effektiv både innvendig og utvendig, og sløste ingenting bort.
Poteva mangiare cose disgustose, marce o difficili da digerire.
Han kunne spise ting som var avskyelige, råtne eller vanskelige å fordøye.
Qualunque cosa mangiasse, il suo stomaco ne sfruttava ogni singolo pezzetto di valore.
Uansett hva han spiste, brukte magen hans opp hver minste verdi.
Il suo sangue trasportava i nutrienti in tutto il suo potente corpo.
Blodet hans fraktet næringsstoffene langt gjennom den kraftige kroppen hans.
Ciò gli ha permesso di sviluppare tessuti forti che gli hanno conferito un'incredibile resistenza.
Dette bygde opp sterkt vev som ga ham utrolig utholdenhet.
La sua vista e il suo olfatto diventarono molto più sensibili di prima.
Synet og luktesansen hans ble mye mer følsom enn før.
Il suo udito diventò così acuto che riusciva a percepire anche i suoni più deboli durante il sonno.
Hørselen hans ble så skarp at han kunne oppfatte svake lyder i søvne.
Nei sogni sapeva se quei suoni significavano sicurezza o pericolo.
Han visste i drømmene sine om lydene betydde sikkerhet eller fare.
Imparò a mordere con i denti il ghiaccio tra le dita dei piedi.
Han lærte å bite i isen mellom tærne med tennene.

Se una pozza d'acqua si ghiacciava, lui rompeva il ghiaccio con le gambe.
Hvis et vannhull frøs til, ville han knekke isen med beina.
Si impennò e colpì duramente il ghiaccio con gli arti anteriori rigidi.
Han reiste seg opp og slo hardt i isen med stive forbein.
La sua abilità più sorprendente era quella di prevedere i cambiamenti del vento durante la notte.
Hans mest slående evne var å forutsi vindendringer over natten.
Anche quando l'aria era immobile, sceglieva luoghi riparati dal vento.
Selv når luften var stille, valgte han steder skjermet for vind.
Ovunque scavasse il nido, il vento del giorno dopo lo superava.
Uansett hvor han gravde reiret sitt, blåste neste dags vind forbi ham.
Alla fine si ritrovava sempre al sicuro e protetto, al riparo dal vento.
Han endte alltid opp med å ligge lunt og beskyttet, i le av brisen.
Buck non solo imparò dall'esperienza: anche il suo istinto tornò.
Buck lærte ikke bare av erfaring – instinktene hans kom også tilbake.
Le abitudini delle generazioni addomesticate cominciarono a scomparire.
Vanene til tamme generasjoner begynte å falle bort.
Ricordava vagamente i tempi antichi della sua razza.
På vage måter husket han oldtiden til sin rase.
Ripensò a quando i cani selvatici correvano in branco nelle foreste.
Han tenkte tilbake på den gang ville hunder løp i flokk gjennom skoger.
Avevano inseguito e ucciso la loro preda mentre la inseguivano.
De hadde jaget og drept byttet sitt mens de løp nedover det.

Per Buck fu facile imparare a combattere con forza e velocità.
Det var lett for Buck å lære å slåss med tann og fart.
Come i suoi antenati, usava tagli, squarci e schiocchi rapidi.
Han brukte kutt, skråstrek og raske snaps akkurat som sine forfedre.
Quegli antenati si risvegliarono in lui e risvegliarono la sua natura selvaggia.
Disse forfedrene rørte seg i ham og vekket hans ville natur.
Le loro vecchie abilità gli erano state trasmesse attraverso la linea di sangue.
De gamle ferdighetene deres hadde blitt arvet av ham gjennom blodslinjen.
Ora i loro trucchi erano suoi, senza bisogno di pratica o sforzo.
Nå var triksene deres hans, uten behov for øvelse eller anstrengelse.

Nelle notti fredde e tranquille, Buck sollevava il naso e ululò.
På stille, kalde netter løftet Buck nesen og hylte.
Ululò a lungo e profondamente, come facevano i lupi tanto tempo fa.
Han hylte lenge og dypt, slik ulver hadde gjort for lenge siden.
Attraverso di lui, i suoi antenati defunti puntarono il naso e ululorono.
Gjennom ham pekte hans avdøde forfedre nesen og hylte.
Hanno ululato attraverso i secoli con la sua voce e la sua forma.
De hylte ned gjennom århundrene i stemmen og skikkelsen hans.
Le sue cadenze erano le loro, vecchi gridi che parlavano di dolore e di freddo.
Kadensene hans var deres, gamle rop som fortalte om sorg og kulde.
Cantavano dell'oscurità, della fame e del significato dell'inverno.
De sang om mørke, om sult og vinterens betydning.

Buck ha dimostrato come la vita sia plasmata da forze che vanno oltre noi stessi,

Buck beviste hvordan livet formes av krefter utenfor en selv,

l'antico canto risuonò nelle vene di Buck e si impadronì della sua anima.

den eldgamle sangen steg gjennom Buck og grep sjelen hans.

Ritrovò se stesso perché gli uomini avevano trovato l'oro nel Nord.

Han fant seg selv fordi menn hadde funnet gull i Nord.

E lo trovò perché Manuel, l'aiutante giardiniere, aveva bisogno di soldi.

Og han fant seg selv fordi Manuel, gartnerens hjelper, trengte penger.

La Bestia Primordiale Dominante
Det dominerende urbeistet

La bestia primordiale dominante era più forte che mai in Buck.
Det dominerende urbeistet var like sterkt som alltid i Buck.
Ma la bestia primordiale dominante era rimasta dormiente in lui.
Men det dominerende urbeistet hadde ligget i dvale i ham.
La vita sui sentieri era dura, ma rafforzava la bestia che era in Buck.
Livet på stiene var hardt, men det styrket dyret inni Buck.
Segretamente la bestia diventava sempre più forte ogni giorno.
I hemmelighet ble udyret sterkere og sterkere for hver dag.
Ma quella crescita interiore è rimasta nascosta al mondo esterno.
Men den indre veksten forble skjult for omverdenen.
Una forza primordiale calma e silenziosa si stava formando dentro Buck.
En stille og rolig urkraft bygde seg opp inni Buck.
Una nuova astuzia diede a Buck equilibrio, calma e compostezza.
Ny list ga Buck balanse, rolig kontroll og holdning.
Buck si concentrò molto sull'adattamento, senza mai sentirsi completamente rilassato.
Buck fokuserte hardt på å tilpasse seg, og følte seg aldri helt avslappet.
Evitava i conflitti, non iniziava mai litigi e non cercava mai guai.
Han unngikk konflikter, startet aldri slåsskamper eller søkte bråk.
Ogni mossa di Buck era scandita da una riflessione lenta e costante.
En langsom, jevn omtanke formet hver eneste bevegelse av Buck.

Evitava scelte avventate e decisioni improvvise e sconsiderate.
Han unngikk forhastede valg og plutselige, hensynsløse avgjørelser.
Sebbene Buck odiasse profondamente Spitz, non gli mostrò alcuna aggressività.
Selv om Buck hatet Spitz dypt, viste han ham ingen aggresjon.
Buck non provocò mai Spitz e mantenne le sue azioni moderate.
Buck provoserte aldri Spitz, og holdt handlingene sine tilbakeholdne.
Spitz, d'altro canto, percepì il pericolo crescente in Buck.
Spitz, derimot, ante den økende faren i Buck.
Vedeva Buck come una minaccia e una seria sfida al suo potere.
Han så på Buck som en trussel og en alvorlig utfordring mot sin makt.
Coglieva ogni occasione per ringhiare e mostrare i suoi denti aguzzi.
Han benyttet enhver anledning til å knurre og vise frem de skarpe tennene sine.
Stava cercando di dare inizio allo scontro mortale che sarebbe dovuto avvenire.
Han prøvde å starte den dødelige kampen som måtte komme.
All'inizio del viaggio, tra loro scoppiò quasi una lite.
Tidlig på turen holdt det på å brøt ut en slåsskamp mellom dem.
Ma un incidente inaspettato impedì che il combattimento avesse luogo.
Men en uventet ulykke stoppet kampen.
Quella sera si accamparono sul gelido lago Le Barge.
Den kvelden slo de leir ved den bitende kalde innsjøen Le Barge.
La neve cadeva fitta e il vento era tagliente come una lama.
Snøen falt kraftig, og vinden skar som en kniv.
La notte era scesa troppo in fretta e l'oscurità li aveva avvolti.
Natten kom altfor fort, og mørket omsluttet dem.

Difficilmente avrebbero potuto scegliere un posto peggiore per riposare.
De kunne knapt ha valgt et verre sted for hvile.
I cani cercavano disperatamente un posto dove sdraiarsi.
Hundene lette desperat etter et sted å ligge.
Dietro il piccolo gruppo si ergeva un'alta parete rocciosa.
En høy fjellvegg reiste seg bratt bak den lille gruppen.
Per alleggerire il carico, la tenda era stata lasciata a Dyea.
Teltet hadde blitt etterlatt i Dyea for å lette byrden.
Non avevano altra scelta che accendere il fuoco direttamente sul ghiaccio.
De hadde ikke noe annet valg enn å lage bålet på selve isen.
Stendevano i loro accappatoi direttamente sul lago ghiacciato.
De spredte sovekåpene sine rett på den frosne innsjøen.
Qualche pezzo di legno galleggiante dava loro un po' di fuoco.
Noen få drivvedstokker ga dem litt ild.
Ma il fuoco è stato acceso sul ghiaccio e attraverso di esso si è scongelato.
Men ilden ble tent på isen, og tint gjennom den.
Alla fine cenarono al buio.
Til slutt spiste de kveldsmaten sin i mørket.
Buck si rannicchiò accanto alla roccia, al riparo dal vento freddo.
Buck krøllet seg sammen ved siden av steinen, ly for den kalde vinden.
Il posto era così caldo e sicuro che Buck non voleva andarsene.
Stedet var så varmt og trygt at Buck hatet å flytte seg vekk.
Ma François aveva scaldato il pesce e stava distribuendo le razioni.
Men François hadde varmet fisken og delte ut rasjoner.
Buck finì di mangiare in fretta e tornò a letto.
Buck ble raskt ferdig med å spise og gikk tilbake til sengen sin.
Ma Spitz ora giaceva dove Buck aveva preparato il suo letto.
Men Spitz lå nå der Buck hadde redd opp sengen sin.

Un ringhio basso avvertì Buck che Spitz si rifiutava di muoversi.
Et lavt knurr advarte Buck om at Spitz nektet å røre seg.
Finora Buck aveva evitato lo scontro con Spitz.
Frem til nå hadde Buck unngått denne kampen med Spitz.
Ma nel profondo di Buck la bestia alla fine si liberò.
Men dypt inne i Buck brøt udyret endelig løs.
Il furto del suo posto letto era troppo da tollerare.
Tyveriet av soveplassen hans var for mye å tolerere.
Buck si lanciò contro Spitz, pieno di rabbia e furore.
Buck kastet seg mot Spitz, full av sinne og raseri.
Fino a quel momento Spitz aveva pensato che Buck fosse solo un grosso cane.
Frem til nå hadde Spitz trodd at Buck bare var en stor hund.
Non pensava che Buck fosse sopravvissuto grazie al suo spirito.
Han trodde ikke Buck hadde overlevd gjennom ånden sin.
Si aspettava paura e codardia, non furia e vendetta.
Han forventet frykt og feighet, ikke raseri og hevn.
François rimase a guardare mentre entrambi i cani schizzavano fuori dal nido in rovina.
François stirret mens begge hundene braste ut av det ødelagte reiret.
Capì subito cosa aveva scatenato quella violenta lotta.
Han forsto med en gang hva som hadde startet den ville kampen.
"Aa-ah!" gridò François in sostegno del cane marrone.
«Aa-ah!» ropte François til støtte for den brune hunden.
"Dategli una bella lezione! Per Dio, punite quel ladro furbo!"
«Gi ham juling! Ved Gud, straff den lumske tyven!»
Spitz dimostrò altrettanta prontezza e fervore nel combattere.
Spitz viste like stor beredskap og vill iver etter å kjempe.
Gridò di rabbia mentre girava velocemente in tondo, cercando un varco.
Han ropte ut i raseri mens han sirklet raskt og lette etter en åpning.

Buck mostrò la stessa fame di combattere e la stessa cautela.
Buck viste den samme kamplysten og den samme forsiktigheten.
Anche lui girò intorno al suo avversario, cercando di avere la meglio nella battaglia.
Han sirklet også rundt motstanderen sin i et forsøk på å få overtaket i kampen.
Poi accadde qualcosa di inaspettato e cambiò tutto.
Så skjedde det noe uventet og forandret alt.
Quel momento ritardò l'eventuale lotta per la leadership.
Det øyeblikket forsinket den endelige kampen om lederskapet.
Ci sarebbero ancora molti chilometri di sentiero e di lotta da percorrere prima della fine.
Mange kilometer med stier og kamp ventet fortsatt før slutten.
Perrault urlò un'imprecazione mentre una mazza colpiva l'osso.
Perrault ropte en ed mens en kølle slo mot et bein.
Seguì un acuto grido di dolore, poi il caos esplose tutt'intorno.
Et skarpt smertehyl fulgte, deretter eksploderte kaos rundt omkring.
Forme scure si muovevano nell'accampamento: husky selvatici, affamati e feroci.
Mørke skikkelser beveget seg i leiren; ville huskyer, sultne og hissige.
Quattro o cinque dozzine di husky avevano fiutato l'accampamento da molto lontano.
Fire eller fem dusin huskyer hadde snust på leiren langveisfra.
Si erano introdotti furtivamente mentre i due cani litigavano lì vicino.
De hadde sneket seg stille inn mens de to hundene sloss i nærheten.
François e Perrault si lanciarono all'attacco, colpendo con i manganelli gli invasori.
François og Perrault angrep inntrengerne og svingte køller.
Gli husky affamati mostrarono i denti e si dibatterono freneticamente.

De sultende huskyene viste tenner og kjempet tilbake i vanvidd.
L'odore della carne e del pane li aveva fatti superare ogni paura.
Lukten av kjøtt og brød hadde drevet dem over all frykt.
Perrault picchiò un cane che aveva nascosto la testa nella buca delle vivande.
Perrault slo en hund som hadde begravd hodet sitt i matkassen.
Il colpo fu violento e la scatola si ribaltò, facendo fuoriuscire il cibo.
Slaget traff hardt, esken veltet, og maten rant ut.
Nel giro di pochi secondi, una ventina di bestie feroci si avventarono sul pane e sulla carne.
I løpet av sekunder rev en rekke ville dyr seg i brødet og kjøttet.
I bastoni degli uomini sferrarono un colpo dopo l'altro, ma nessun cane si allontanò.
Herreklubbene landet slag etter slag, men ingen hund snudde seg.
Urlavano di dolore, ma continuarono a lottare finché non rimase più cibo.
De hylte av smerte, men kjempet til det ikke var mat igjen.
Nel frattempo i cani da slitta erano saltati giù dalle loro culle innevate.
I mellomtiden hadde sledehundene hoppet opp fra de snødekte sengene sine.
Furono immediatamente attaccati dai feroci e affamati husky.
De ble umiddelbart angrepet av de ondsinnede sultne huskyene.
Buck non aveva mai visto prima creature così selvagge e affamate.
Buck hadde aldri sett så ville og sultne skapninger før.
La loro pelle pendeva flaccida, nascondendo a malapena lo scheletro.
Huden deres hang løs og skjulte så vidt skjelettene.

C'era un fuoco nei loro occhi, per fame e follia
Det var en ild i øynene deres, fra sult og galskap
Non c'era modo di fermarli, di resistere al loro assalto selvaggio.
Det var ingen som kunne stoppe dem; ingen kunne motstå deres ville fremmarsj.
I cani da slitta vennero spinti indietro e premuti contro la parete della scogliera.
Sledehundene ble dyttet tilbake, presset mot klippeveggen.
Tre husky attaccarono Buck contemporaneamente, lacerandogli la carne.
Tre huskyer angrep Buck samtidig og rev ham i kjøttet.
Il sangue gli colava dalla testa e dalle spalle, dove era stato tagliato.
Blod strømmet fra hodet og skuldrene hans, der han hadde blitt kuttet.
Il rumore riempì l'accampamento: ringhi, guaiti e grida di dolore.
Støyen fylte leiren; knurring, hyling og smerteskrik.
Billee pianse forte, come al solito, presa dal panico e dalla mischia.
Billee gråt høyt, som vanlig, fanget i striden og panikken.
Dave e Solleks rimasero fianco a fianco, sanguinanti ma con aria di sfida.
Dave og Solleks sto side om side, blødende, men trassige.
Joe lottava come un demonio, mordendo tutto ciò che gli si avvicinava.
Joe kjempet som en demon og bet alt som kom i nærheten.
Con un violento schiocco di mascelle schiacciò la zampa di un husky.
Han knuste et bein på en husky med et brutalt knekk med kjevene.
Pike saltò sull'husky ferito e gli ruppe il collo all'istante.
Gjedde hoppet opp på den sårede huskyen og brakk nakken dens momentant.
Buck afferrò un husky per la gola e gli strappò la vena.
Buck tok tak i halsen på en husky og rev gjennom en vene.

Il sangue schizzò e il sapore caldo mandò Buck in delirio.
Blod sprutet, og den varme smaken gjorde Buck rasende.
Si lanciò contro un altro aggressore senza esitazione.
Han kastet seg mot en annen angriper uten å nøle.
Nello stesso momento, denti aguzzi si conficcarono nella gola di Buck.
I samme øyeblikk gravde skarpe tenner seg inn i Bucks egen hals.
Spitz aveva colpito di lato, attaccando senza preavviso.
Spitz hadde slått til fra siden og angrepet uten forvarsel.
Perrault e François avevano sconfitto i cani rubando il cibo.
Perrault og François hadde beseiret hundene som stjal maten.
Ora si precipitarono ad aiutare i loro cani a respingere gli aggressori.
Nå skyndte de seg for å hjelpe hundene sine med å slå tilbake angriperne.
I cani affamati si ritirarono mentre gli uomini roteavano i loro manganelli.
De sultende hundene trakk seg tilbake mens mennene svingte køllene sine.
Buck riuscì a liberarsi dall'attacco, ma la fuga fu breve.
Buck brøt seg løs fra angrepet, men flukten var kort.
Gli uomini corsero a salvare i loro cani e gli husky tornarono ad attaccarli.
Mennene løp for å redde hundene sine, og huskyene svermet igjen.
Billee, spaventato e coraggioso, si lanciò nel branco di cani.
Billee, skremt til tapperhet, hoppet inn i hundeflokken.
Ma poi fuggì attraverso il ghiaccio, in preda al terrore e al panico.
Men så flyktet han over isen, i rå redsel og panikk.
Pike e Dub li seguirono da vicino, correndo per salvarsi la vita.
Pike og Dub fulgte tett etter og løp for livet.
Il resto della squadra si disperse e li inseguì.
Resten av laget brøt ut og spredte seg, og fulgte etter dem.
Buck raccolse le forze per correre, ma poi vide un lampo.

Buck samlet krefter for å løpe, men så et glimt.
Spitz si lanciò verso Buck, cercando di buttarlo a terra.
Spitz kastet seg bort til Buck og prøvde å slå ham i bakken.
Sotto quella banda di husky, Buck non avrebbe avuto scampo.
Under den flokken med huskyer ville Buck ikke hatt noen fluktmulighet.
Ma Buck rimase fermo e si preparò al colpo di Spitz.
Men Buck sto urokkelig og forberedte seg på slaget fra Spitz.
Poi si voltò e corse sul ghiaccio con la squadra in fuga.
Så snudde han seg og løp ut på isen med det flyktende teamet.

Più tardi i nove cani da slitta si radunarono al riparo del bosco.
Senere samlet de ni sledehundene seg i ly av skogen.
Nessuno li inseguiva più, ma erano malconci e feriti.
Ingen jaget dem lenger, men de ble forslått og såret.
Ogni cane presentava delle ferite: quattro o cinque tagli profondi su ogni corpo.
Hver hund hadde sår; fire eller fem dype kutt på hver kropp.
Dub aveva una zampa posteriore ferita e ora faceva fatica a camminare.
Dub hadde et skadet bakbein og slet med å gå nå.
Dolly, l'ultimo cane arrivato da Dyea, aveva la gola tagliata.
Dolly, den nyeste hunden fra Dyea, hadde en overskåret hals.
Joe aveva perso un occhio e l'orecchio di Billee era stato tagliato a pezzi
Joe hadde mistet et øye, og Billees øre var kuttet i stykker.
Tutti i cani piansero per il dolore e la sconfitta durante la notte.
Alle hundene gråt av smerte og nederlag gjennom natten.
All'alba tornarono lentamente all'accampamento, doloranti e distrutti.
Ved daggry krøp de tilbake til leiren, støle og ødelagte.
Gli husky erano scomparsi, ma il danno era fatto.
Huskiene var forsvunnet, men skaden var skjedd.

Perrault e François erano di pessimo umore e osservavano le rovine.
Perrault og François sto i dårlig humør over ruinene.
Metà del cibo era sparito, rubato dai ladri affamati.
Halvparten av maten var borte, stjålet av de sultne tyvene.
Gli husky avevano strappato le corde e la tela della slitta.
Huskiene hadde revet seg gjennom sledebindinger og kalesje.
Tutto ciò che aveva odore di cibo era stato divorato completamente.
Alt som luktet av mat hadde blitt fullstendig fortært.
Mangiarono un paio di stivali da viaggio in pelle di alce di Perrault.
De spiste et par av Perraults reisestøvler av elgskinn.
Hanno masticato le pelli e rovinato i cinturini rendendoli inutilizzabili.
De tygde på lærreiser og ødela stropper som ikke kunne brukes.
François smise di fissare la frusta strappata per controllare i cani.
François sluttet å stirre på den avrevne vippen for å sjekke hundene.
«Ah, amici miei», disse con voce bassa e preoccupata.
«Å, mine venner», sa han med lav stemme og fylt av bekymring.
"**Forse tutti questi morsi vi trasformeranno in bestie pazze.**"
«Kanskje alle disse bittene vil gjøre dere til gale beist.»
"**Forse tutti cani rabbiosi, sacredam! Che ne pensi, Perrault?**"
«Kanskje alle gale hunder, hellige! Hva synes du, Perrault?»
Perrault scosse la testa, con gli occhi scuri per la preoccupazione e la paura.
Perrault ristet på hodet, øynene var mørke av bekymring og frykt.
C'erano ancora quattrocento miglia tra loro e Dawson.
Fire hundre mil lå fortsatt mellom dem og Dawson.
La follia dei cani potrebbe ormai distruggere ogni possibilità di sopravvivenza.

Hundegalskapen nå kan ødelegge enhver sjanse for å overleve.

Hanno passato due ore a imprecare e a cercare di riparare l'attrezzatura.

De brukte to timer på å banne og prøve å fikse utstyret.

La squadra ferita alla fine lasciò l'accampamento, distrutta e sconfitta.

Det sårede laget forlot endelig leiren, knust og beseiret.

Questo è stato il sentiero più duro finora e ogni passo è stato doloroso.

Dette var den vanskeligste løypa hittil, og hvert skritt var smertefullt.

Il fiume Thirty Mile non era ghiacciato e scorreva impetuoso.

Thirty Mile-elven hadde ikke frosset til frosset, og fosser vilt.

Soltanto nei punti calmi e nei vortici il ghiaccio riusciva a resistere.

Bare i rolige steder og virvlende strømvirvler klarte isen å holde seg.

Trascorsero sei giorni di duro lavoro per percorrere le trenta miglia.

Seks dager med hardt arbeid gikk før de tretti milene var unnagjort.

Ogni miglio del sentiero porta con sé pericoli e minacce di morte.

Hver kilometer av stien medførte fare og trussel om død.

Uomini e cani rischiavano la vita a ogni passo doloroso.

Mennene og hundene risikerte livet med hvert smertefulle skritt.

Perrault riuscì a superare i sottili ponti di ghiaccio una dozzina di volte.

Perrault brøt gjennom tynne isbroer et dusin forskjellige ganger.

Prese un palo e lo lasciò cadere nel buco creato dal suo corpo.

Han bar en stang og lot den falle over hullet kroppen hans laget.

Quel palo salvò Perrault più di una volta dall'annegamento.
Mer enn én gang reddet den stangen Perrault fra å drukne.
L'ondata di freddo persisteva, la temperatura era di cinquanta gradi sotto zero.
Kuldeperioden holdt seg fast, luften var femti minusgrader.
Ogni volta che cadeva, Perrault era costretto ad accendere un fuoco per sopravvivere.
Hver gang han falt i, måtte Perrault tenne et bål for å overleve.
Gli abiti bagnati si congelavano rapidamente, perciò li faceva asciugare vicino al calore cocente.
Våte klær frøs fort, så han tørket dem i nærheten av brennende hete.
Perrault non provava mai paura, e questo faceva di lui un corriere.
Perrault var aldri fryktsom, og det gjorde ham til kurér.
Fu scelto per affrontare il pericolo e lo affrontò con silenziosa determinazione.
Han ble valgt for fare, og han møtte den med stille besluttsomhet.
Si spinse in avanti controvento, con il viso raggrinzito e congelato.
Han presset seg frem mot vinden, det innskrumpede ansiktet hans forfrosset.
Perrault li guidò in avanti dall'alba al tramonto.
Fra svak daggry til nattesøvn ledet Perrault dem videre.
Camminava sul ghiaccio sottile che scricchiolava a ogni passo.
Han gikk på smal randis som sprakk for hvert skritt.
Non osavano fermarsi: ogni pausa rischiava di provocare un crollo mortale.
De turte ikke stoppe – hver pause risikerte et dødelig kollaps.
Una volta la slitta si ruppe, trascinando dentro Dave e Buck.
En gang brøt sleden gjennom og dro Dave og Buck inn.
Quando furono liberati, entrambi erano quasi congelati.
Da de ble dratt løs, var begge nesten forfrosne.
Gli uomini accesero rapidamente un fuoco per salvare Buck e Dave.

Mennene tente raskt et bål for å holde Buck og Dave i live.
I cani erano ricoperti di ghiaccio dal naso alla coda, rigidi come legno intagliato.
Hundene var dekket av is fra snute til hale, stive som utskåret treverk.
Gli uomini li fecero correre in cerchio vicino al fuoco per scongelarne i corpi.
Mennene løp med dem i sirkler nær bålet for å tine kroppene deres.
Si avvicinarono così tanto alle fiamme che la loro pelliccia rimase bruciacchiata.
De kom så nær flammene at pelsen deres ble svidd.
Spitz ruppe poi il ghiaccio, trascinando dietro di sé la squadra.
Deretter brøt Spitz gjennom isen og dro med seg spannet etter seg.
La frenata arrivava fino al punto in cui Buck stava tirando.
Bruddet nådde helt opp til der Buck dro.
Buck si appoggiò bruscamente allo schienale, con le zampe che scivolavano e tremavano sul bordo.
Buck lente seg hardt tilbake, potene skled og skalv på kanten.
Anche Dave si sforzò all'indietro, proprio dietro Buck sulla linea.
Dave spente seg også bakover, rett bak Buck på linjen.
François tirava la slitta e i suoi muscoli scricchiolavano per lo sforzo.
François halte på sleden, musklene hans knaket av anstrengelse.
Un'altra volta, il ghiaccio del bordo si è crepato davanti e dietro la slitta.
En annen gang sprakk randisen foran og bak sleden.
Non avevano altra via d'uscita se non quella di arrampicarsi su una parete ghiacciata.
De hadde ingen annen utvei enn å klatre opp en frossen klippevegg.
In qualche modo Perrault riuscì a scalare il muro: un miracolo lo tenne in vita.

Perrault klatret på en eller annen måte opp veggen; et mirakel holdt ham i live.

François rimase sottocoperta, pregando che gli capitasse la stessa fortuna.

François ble værende nedenfor og ba om den samme typen flaks.

Legarono ogni cinghia, legatura e tirante in un'unica lunga corda.

De bandt sammen hver stropp, surring og skinne til ett langt tau.

Gli uomini trascinarono i cani uno alla volta fino in cima.

Mennene halte hver hund opp, én om gangen, til toppen.

François salì per ultimo, dopo la slitta e tutto il carico.

François klatret sist, etter sleden og hele lasten.

Poi iniziò una lunga ricerca di un sentiero che scendesse dalle scogliere.

Så startet en lang leting etter en sti ned fra klippene.

Alla fine scesero utilizzando la stessa corda che avevano costruito.

De kom seg endelig ned med det samme tauet de hadde laget.

Scese la notte mentre tornavano al letto del fiume, esausti e doloranti.

Natten falt på da de vendte tilbake til elveleiet, utmattede og støle.

Avevano impiegato un giorno intero per percorrere solo un quarto di miglio.

De hadde brukt en hel dag på å tilbakelegge bare en kvart mil.

Quando giunsero all'Hootalinqua, Buck era sfinito.

Da de nådde Hootalinqua, var Buck utslitt.

Anche gli altri cani soffrivano le stesse condizioni del sentiero.

De andre hundene led like mye av forholdene på løypa.

Ma Perrault aveva bisogno di recuperare tempo e li spingeva avanti giorno dopo giorno.

Men Perrault trengte å hente seg inn tid, og presset dem på hver dag.

Il primo giorno percorsero trenta miglia fino a Big Salmon.

Den første dagen reiste de tretti mil til Big Salmon.
Il giorno dopo percorsero trentacinque miglia fino a Little Salmon.
Neste dag reiste de 55 kilometer til Little Salmon.
Il terzo giorno percorsero quaranta miglia ghiacciate.
På den tredje dagen presset de seg gjennom førti lange, frosne mil.
A quel punto si stavano avvicinando all'insediamento di Five Fingers.
Da nærmet de seg bosetningen Five Fingers.

I piedi di Buck erano più morbidi di quelli duri degli husky autoctoni.
Bucks føtter var mykere enn de harde føttene til innfødte huskyer.
Le sue zampe erano diventate tenere nel corso di molte generazioni civilizzate.
Potene hans hadde blitt møre gjennom mange siviliserte generasjoner.
Molto tempo fa, i suoi antenati erano stati addomesticati dagli uomini del fiume o dai cacciatori.
For lenge siden hadde forfedrene hans blitt temmet av elvemenn eller jegere.
Ogni giorno Buck zoppicava per il dolore, camminando con le zampe screpolate e doloranti.
Hver dag haltet Buck av smerter og gikk på såre, verkende poter.
Giunto all'accampamento, Buck cadde come un corpo senza vita sulla neve.
I leiren falt Buck ned som en livløs skikkelse på snøen.
Sebbene fosse affamato, Buck non si alzò per consumare il pasto serale.
Selv om Buck var sulten, sto han ikke opp for å spise kveldsmåltidet.
François portò la sua razione a Buck, mettendogli del pesce vicino al muso.
François brakte Buck rasjonen sin og la fisk ved mulen hans.

Ogni notte l'autista massaggiava i piedi di Buck per mezz'ora.
Hver natt gned sjåføren Bucks føtter i en halvtime.
François arrivò persino a tagliare i suoi mocassini per farne delle calzature per cani.
François klippet til og med opp sine egne mokkasiner for å lage hundesko.
Quattro scarpe calde diedero a Buck un grande e gradito sollievo.
Fire varme sko ga Buck en stor og kjærkommen lettelse.
Una mattina François dimenticò le scarpe e Buck si rifiutò di alzarsi.
En morgen glemte François skoene, og Buck nektet å stå opp.
Buck giaceva sulla schiena, con i piedi in aria, e li agitava in modo pietoso.
Buck lå på ryggen med føttene i været, og viftet ynkelig med dem.
Persino Perrault sorrise alla vista dell'appello drammatico di Buck.
Selv Perrault smilte bredt ved synet av Bucks dramatiske bønnfallelse.
Ben presto i piedi di Buck diventarono duri e le scarpe poterono essere tolte.
Snart ble Bucks føtter harde, og skoene kunne kastes.
A Pelly, durante il periodo in cui veniva imbrigliata, Dolly emise un ululato terribile.
Ved Pelly, under seletiden, slapp Dolly ut et forferdelig hyl.
Il grido era lungo e pieno di follia, e fece tremare tutti i cani.
Ropet var langt og fylt av galskap, og rystet hver hund.
Ogni cane si rizzava per la paura, senza capirne il motivo.
Hver hund vred seg i frykt uten å vite årsaken.
Dolly era impazzita e si era scagliata contro Buck.
Dolly hadde blitt gal og kastet seg rett mot Buck.
Buck non aveva mai visto la follia, ma l'orrore gli riempì il cuore.
Buck hadde aldri sett galskap, men redsel fylte hjertet hans.

Senza pensarci due volte, si voltò e fuggì in preda al panico più assoluto.
Uten å tenke seg om, snudde han seg og flyktet i full panikk.
Dolly lo inseguì, con gli occhi selvaggi e la saliva che le colava dalle fauci.
Dolly jaget ham, med ville øyne, og spytt som flydde fra kjevene hennes.
Si tenne sempre dietro a Buck, senza mai guadagnare terreno e senza mai indietreggiare.
Hun holdt seg rett bak Buck, uten å vinne inn og uten å falle tilbake.
Buck corse attraverso i boschi, giù per l'isola, sul ghiaccio frastagliato.
Buck løp gjennom skogen, nedover øya, over taggete is.
Attraversò un'isola, poi un'altra, per poi tornare indietro verso il fiume.
Han krysset til en øy, deretter en annen, og gikk i sirkel tilbake til elven.
Dolly continuava a inseguirlo, ringhiando sempre più forte a ogni passo.
Dolly jaget ham fortsatt, knurringen hennes tett bak henne ved hvert skritt.
Buck poteva sentire il suo respiro e la sua rabbia, anche se non osava voltarsi indietro.
Buck kunne høre pusten og raseriet hennes, selv om han ikke turte å se seg tilbake.
François gridò da lontano e Buck si voltò verso la voce.
François ropte langveisfra, og Buck snudde seg mot stemmen.
Ancora senza fiato, Buck corse oltre, riponendo ogni speranza in François.
Fortsatt gispet etter luft løp Buck forbi og satte all sin lit til François.
Il conducente del cane sollevò un'ascia e aspettò che Buck gli passasse accanto.
Hundeføreren hevet en øks og ventet mens Buck fløy forbi.
L'ascia calò rapidamente e colpì la testa di Dolly con forza mortale.

Øksen falt raskt ned og traff Dollys hode med dødelig kraft.
Buck crollò vicino alla slitta, ansimando e incapace di muoversi.
Buck kollapset nær sleden, hvesende i pusten og ute av stand til å røre seg.
Quel momento diede a Spitz la possibilità di colpire un nemico esausto.
Det øyeblikket ga Spitz sjansen til å angripe en utmattet fiende.
Morse Buck due volte, strappandogli la carne fino all'osso bianco.
To ganger bet han Buck og rev kjøttet ned til det hvite beinet.
La frusta di François schioccò, colpendo Spitz con tutta la sua forza, con furia.
François' pisk sprakk og traff Spitz med full, voldsom kraft.
Buck guardò con gioia Spitz mentre riceveva il pestaggio più duro fino a quel momento.
Buck så med glede på mens Spitz fikk sin hardeste juling hittil.
«È un diavolo, quello Spitz», borbottò Perrault tra sé e sé.
«Han er en djevel, den Spitzen», mumlet Perrault dystert for seg selv.
"Un giorno o l'altro, quel cane maledetto ucciderà Buck, lo giuro."
«En dag snart vil den forbannede hunden drepe Buck – jeg sverger på det.»
«Quel Buck ha due diavoli dentro di sé», rispose François annuendo.
«Den Buck har to djevler i seg», svarte François med et nikk.
"Quando osservo Buck, so che dentro di lui si cela qualcosa di feroce."
«Når jeg ser på Buck, vet jeg at noe voldsomt venter i ham.»
"Un giorno, si infurierà come il fuoco e farà a pezzi Spitz."
«En dag blir han gal som ild og river Spitz i stykker.»
"Masticherà quel cane e lo sputerà sulla neve ghiacciata."
«Han kommer til å tygge på hunden og spytte ham på den frosne snøen.»
"Certo, lo so fin nel profondo."

«Javisst, jeg vet dette innerst inne.»

Da quel momento in poi, i due cani furono in guerra tra loro.

Fra det øyeblikket og utover var de to hundene låst i en krig.

Spitz guidava la squadra e deteneva il potere, ma Buck lo sfidava.

Spitz ledet laget og hadde makten, men Buck utfordret det.

Spitz si rese conto che il suo rango era minacciato da questo strano straniero del Sud.

Spitz så sin rang truet av denne merkelige fremmede fra Sørlandet.

Buck era diverso da tutti i cani del sud che Spitz aveva conosciuto fino ad allora.

Buck var ulik noen annen sørstatshund Spitz hadde kjent før.

La maggior parte di loro fallì: troppo deboli per sopravvivere al freddo e alla fame.

De fleste av dem mislyktes – for svake til å overleve kulde og sult.

Morirono rapidamente a causa del lavoro, del gelo e del lento bruciare della carestia.

De døde raskt under arbeid, frost og hungersnødens langsomme svirring.

Buck si distingueva: ogni giorno più forte, più intelligente e più selvaggio.

Buck skilte seg ut – sterkere, smartere og villere for hver dag.

Ha prosperato nonostante le difficoltà, crescendo al pari degli husky del nord.

Han trivdes med vanskeligheter og vokste opp til å matche de nordlige huskyene.

Buck era dotato di forza, abilità straordinaria e un istinto paziente e letale.

Buck hadde styrke, vill dyktighet og et tålmodig, dødelig instinkt.

L'uomo con la mazza aveva annientato Buck per fargli perdere la temerarietà.

Mannen med køllen hadde slått ut ubetenksomheten av Buck.

La furia cieca se n'era andata, sostituita da un'astuzia silenziosa e dal controllo.

Blind raseri var borte, erstattet av stille list og kontroll.
Attese, calmo e primordiale, in attesa del momento giusto.
Han ventet, rolig og primal, og ventet på det rette øyeblikket.
La loro lotta per il comando divenne inevitabile e chiara.
Kampen deres om kommandoen ble uunngåelig og tydelig.
Buck desiderava la leadership perché il suo spirito la richiedeva.
Buck ønsket lederskap fordi hans ånd krevde det.
Era spinto da quello strano orgoglio che nasceva dal sentiero e dall'imbracatura.
Han ble drevet av den merkelige stoltheten født av sti og seletøy.
Quell'orgoglio faceva sì che i cani tirassero fino a crollare sulla neve.
Den stoltheten fikk hunder til å dra til de kollapset i snøen.
L'orgoglio li spinse a dare tutta la forza che avevano.
Stolthet lokket dem til å gi all den styrken de hadde.
L'orgoglio può trascinare un cane da slitta fino al punto di ucciderlo.
Stolthet kan lokke en sledehund til og med døden.
Perdere l'imbracatura rendeva i cani deboli e senza scopo.
Å miste selen gjorde at hundene ble ødelagte og uten mening.
Il cuore di un cane da slitta può essere spezzato dalla vergogna quando va in pensione.
En sledehunds hjerte kan bli knust av skam når den pensjonerer seg.
Dave viveva con questo orgoglio mentre trascinava la slitta da dietro.
Dave levde av den stoltheten mens han dro sleden bakfra.
Anche Solleks diede il massimo con cupa forza e lealtà.
Solleks ga også alt med dyster styrke og lojalitet.
Ogni mattina l'orgoglio li trasformava da amareggiati a determinati.
Hver morgen forvandlet stoltheten dem fra bitre til besluttsomme.
Spinsero per tutto il giorno, poi tacquero una volta giunti alla fine dell'accampamento.

De presset på hele dagen, før de ble stille ved enden av leiren.
Quell'orgoglio diede a Spitz la forza di mettere in riga i fannulloni.
Den stoltheten ga Spitz styrken til å komme før sherkers inn i rekken.
Spitz temeva Buck perché Buck nutriva lo stesso profondo orgoglio.
Spitz fryktet Buck fordi Buck bar den samme dype stoltheten.
L'orgoglio di Buck ora si agitò contro Spitz, ma lui non si fermò.
Bucks stolthet rørte seg nå mot Spitz, og han stoppet ikke.
Buck sfidò il potere di Spitz e gli impedì di punire i cani.
Buck trosset Spitz' makt og hindret ham i å straffe hunder.
Quando gli altri fallivano, Buck si frapponeva tra loro e il loro capo.
Da andre mislyktes, stilte Buck seg mellom dem og lederen deres.
Lo fece con intenzione, rendendo la sua sfida aperta e chiara.
Han gjorde dette med hensikt, og gjorde utfordringen sin åpen og tydelig.
Una notte una forte nevicata coprì il mondo in un profondo silenzio.
En natt la tung snøfall dyp stillhet over verden.
La mattina dopo, Pike, pigro come sempre, non si alzò per andare al lavoro.
Neste morgen sto ikke Pike opp for å gå på jobb, lat som alltid.
Rimase nascosto nel suo nido sotto uno spesso strato di neve.
Han holdt seg gjemt i reiret sitt under et tykt lag med snø.
François gridò e cercò, ma non riuscì a trovare il cane.
François ropte og lette, men fant ikke hunden.
Spitz si infuriò e si scagliò contro l'accampamento coperto di neve.
Spitz ble rasende og stormet gjennom den snødekte leiren.
Ringhiò e annusò, scavando freneticamente con gli occhi fiammeggianti.

Han knurret og snufset, og gravde som vanvittig med flammende øyne.

La sua rabbia era così violenta che Pike tremava sotto la neve per la paura.

Raseriet hans var så voldsomt at Pike skalv under snøen av frykt.

Quando finalmente Pike fu trovato, Spitz si lanciò per punire il cane nascosto.

Da Pike endelig ble funnet, kastet Spitz seg ut for å straffe hunden som hadde gjemt seg.

Ma Buck si scagliò tra loro con una furia pari a quella di Spitz.

Men Buck sprang mellom dem med et raseri likt Spitz' eget.

L'attacco fu così improvviso e astuto che Spitz cadde a terra.

Angrepet var så plutselig og smart at Spitz falt av beina.

Pike, che tremava, trasse coraggio da questa sfida.

Pike, som hadde skjelvet, tok mot til seg etter denne trassen.

Seguendo l'audace esempio di Buck, saltò sullo Spitz caduto.

Han hoppet på den falne Spitzen, og fulgte Bucks dristige eksempel.

Buck, non più vincolato dall'equità, si unì allo sciopero di Spitz.

Buck, ikke lenger bundet av rettferdighet, sluttet seg til streiken på Spitz.

François, divertito ma fermo nella disciplina, agitò la sua pesante frusta.

François, underholdt, men likevel disiplinert, svingte sin tunge piskeslag.

Colpì Buck con tutta la sua forza per interrompere la rissa.

Han slo Buck med all sin kraft for å avbryte kampen.

Buck si rifiutò di muoversi e rimase in groppa al capo caduto.

Buck nektet å røre seg og ble værende oppå den falne lederen.

François allora usò il manico della frusta e colpì Buck con violenza.

François brukte deretter piskens håndtak og slo Buck hardt.

Barcollando per il colpo, Buck cadde all'indietro sotto l'assalto.
Buck sjanglet etter slaget og falt bakover under angrepet.
François colpì più volte mentre Spitz puniva Pike.
François slo til igjen og igjen mens Spitz straffet Pike.

Passarono i giorni e Dawson City si avvicinava sempre di più.
Dagene gikk, og Dawson City kom nærmere og nærmere.
Buck continuava a intromettersi, infilandosi tra Spitz e gli altri cani.
Buck fortsatte å blande seg inn og gled mellom Spitz og de andre hundene.
Sceglieva bene i suoi momenti, aspettando sempre che François se ne andasse.
Han valgte øyeblikkene sine med omhu, og ventet alltid på at François skulle dra.
La ribellione silenziosa di Buck si diffuse e il disordine prese piede nella squadra.
Bucks stille opprør spredte seg, og uorden slo rot i laget.
Dave e Solleks rimasero leali, ma altri diventarono indisciplinati.
Dave og Solleks forble lojale, men andre ble uregjerlige.
La squadra peggiorò: divenne irrequieta, litigiosa e fuori luogo.
Laget ble verre – rastløst, kranglete og ute av spill.
Ormai niente filava liscio e le liti diventavano all'ordine del giorno.
Ingenting fungerte knirkefritt lenger, og slåsskamper ble vanlige.
Buck rimase sempre al centro dei guai, provocando disordini.
Buck forble i kjernen av uroen og provoserte alltid frem uro.
François rimase vigile, temendo la lotta tra Buck e Spitz.
François forble våken, redd for kampen mellom Buck og Spitz.
Ogni notte veniva svegliato da zuffe e temeva che finalmente fosse arrivato l'inizio.

Hver natt vekket han håndgemyr, i frykt for at begynnelsen endelig var kommet.
Balzò fuori dalla veste, pronto a interrompere la rissa.
Han sprang av kappen sin, klar til å avbryte kampen.
Ma il momento non arrivò mai e alla fine raggiunsero Dawson.
Men øyeblikket kom aldri, og de nådde endelig Dawson.
La squadra entrò in città in un pomeriggio cupo, teso e silenzioso.
Teamet kom inn i byen en trist ettermiddag, anspent og stille.
La grande battaglia per la leadership era ancora sospesa nell'aria gelida.
Den store kampen om lederskapet hang fortsatt i den frosne luften.
Dawson era piena di uomini e cani da slitta, tutti impegnati nel lavoro.
Dawson var full av menn og sledehunder, alle travelt opptatt med arbeid.
Buck osservava i cani trainare i carichi dalla mattina alla sera.
Buck så på hundene mens de dro lass fra morgen til kveld.
Trasportavano tronchi e legna da ardere e spedivano rifornimenti alle miniere.
De fraktet tømmer og ved, og fraktet forsyninger til gruvene.
Nel Southland, dove un tempo lavoravano i cavalli, ora lavoravano i cani.
Der hester en gang arbeidet i Sørlandet, arbeidet nå hunder.
Buck vide alcuni cani provenienti dal Sud, ma la maggior parte erano husky simili a lupi.
Buck så noen hunder fra sør, men de fleste var ulvelignende huskyer.
Di notte, puntuali come un orologio, i cani alzavano la voce e cantavano.
Om natten, som et urverk, hevet hundene stemmene sine i sang.
Alle nove, a mezzanotte e di nuovo alle tre, il canto cominciò.

Klokken ni, ved midnatt og igjen klokken tre begynte allsangen.
Buck amava unirsi al loro canto inquietante, selvaggio e antico nel suono.
Buck elsket å bli med på den uhyggelige sangen deres, vill og eldgammel i klang.
L'aurora fiammeggiava, le stelle danzavano e la neve ricopriva la terra.
Nordlyset flammet, stjernene danset, og snø dekket landet.
Il canto dei cani si elevava come un grido contro il silenzio e il freddo pungente.
Hundesangen steg som et rop mot stillhet og bitende kulde.
Ma il loro urlo esprimeva tristezza, non sfida, in ogni lunga nota.
Men ulingen deres inneholdt sorg, ikke trass, i hver lange tone.
Ogni lamento era pieno di supplica: il peso stesso della vita.
Hvert klagende rop var fullt av bønnfallelse; selve livets byrde.
Quella canzone era vecchia, più vecchia delle città e più vecchia degli incendi
Den sangen var gammel – eldre enn byer, og eldre enn branner
Quel canto era più antico perfino delle voci degli uomini.
Den sangen var eldre enn menneskestemmer.
Era una canzone del mondo dei giovani, quando tutte le canzoni erano tristi.
Det var en sang fra den unge verden, da alle sanger var triste.
La canzone porta con sé il dolore di innumerevoli generazioni di cani.
Sangen bar med seg sorg fra utallige generasjoner av hunder.
Buck percepì profondamente la melodia, gemendo per un dolore radicato nei secoli.
Buck kjente melodien dypt, stønnet av smerte forankret i tiden.
Singhiozzava per un dolore antico quanto il sangue selvaggio nelle sue vene.

Han hulket av en sorg like gammel som det ville blodet i årene hans.
Il freddo, l'oscurità e il mistero toccarono l'anima di Buck.
Kulden, mørket og mystikken berørte Bucks sjel.
Quella canzone dimostrava quanto Buck fosse tornato alle sue origini.
Den sangen beviste hvor langt Buck hadde vendt tilbake til sine opprinnelser.
Tra la neve e gli ululati aveva trovato l'inizio della sua vita.
Gjennom snø og hyl hadde han funnet starten på sitt eget liv.

Sette giorni dopo l'arrivo a Dawson, ripartirono.
Syv dager etter ankomsten til Dawson dro de av gårde igjen.
La squadra si è lanciata dalla caserma fino allo Yukon Trail.
Laget dro fra brakkene ned til Yukon Trail.
Iniziarono il viaggio di ritorno verso Dyea e Salt Water.
De begynte reisen tilbake mot Dyea og Salt Water.
Perrault trasmise dispacci ancora più urgenti di prima.
Perrault hadde med seg meldinger som var enda mer presserende enn før.
Era anche preso dall'orgoglio per la corsa e puntava a stabilire un record.
Han ble også grepet av løypestolthet og siktet mot å sette rekord.
Questa volta Perrault aveva diversi vantaggi.
Denne gangen var flere fordeler på Perraults side.
I cani avevano riposato per un'intera settimana e avevano ripreso le forze.
Hundene hadde hvilt i en hel uke og gjenvunnet kreftene.
La pista che avevano tracciato era ora battuta da altri.
Sporet de hadde brutt var nå hardt pakket av andre.
In alcuni punti la polizia aveva immagazzinato cibo sia per i cani che per gli uomini.
Noen steder hadde politiet lagret mat til både hunder og menn.
Perrault viaggiava leggero, si muoveva velocemente e aveva poco a cui aggrapparsi.

Perrault reiste lett, beveget seg raskt med lite som tynget ham ned.

La prima sera raggiunsero la Sixty-Mile, una corsa lunga 50 miglia.

De nådde Sixty-Mile, en løpetur på åtte kilometer, allerede den første natten.

Il secondo giorno risalirono rapidamente lo Yukon in direzione di Pelly.

Den andre dagen stormet de opp Yukon mot Pelly.

Ma questi grandi progressi comportarono anche molta fatica per François.

Men slike fine fremskritt kom med store belastninger for François.

La ribellione silenziosa di Buck aveva infranto la disciplina della squadra.

Bucks stille opprør hadde knust lagets disiplin.

Non si univano più come un'unica bestia al comando.

De trakk ikke lenger sammen som ett dyr i tømmene.

Buck aveva spinto altri alla sfida con il suo coraggioso esempio.

Buck hadde ledet andre til trass gjennom sitt modige eksempel.

L'ordine di Spitz non veniva più accolto con timore o rispetto.

Spitz' kommando ble ikke lenger møtt med frykt eller respekt.

Gli altri persero ogni timore reverenziale nei suoi confronti e osarono opporsi al suo governo.

De andre mistet ærefrykten for ham og turte å motstå hans styre.

Una notte, Pike rubò mezzo pesce e lo mangiò sotto gli occhi di Buck.

En natt stjal Pike en halv fisk og spiste den rett foran Bucks øyne.

Un'altra notte, Dub e Joe combatterono contro Spitz e rimasero impuniti.

En annen natt kjempet Dub og Joe mot Spitz og gikk ustraffet.

Anche Billee gemette meno dolcemente e mostrò una nuova acutezza.
Selv Billee klynket mindre søtt og viste ny skarphet.
Buck ringhiava a Spitz ogni volta che si incrociavano.
Buck glefset til Spitz hver gang de krysset veier.
L'atteggiamento di Buck divenne audace e minaccioso, quasi come quello di un bullo.
Bucks holdning ble dristig og truende, nesten som en bølle.
Camminava avanti e indietro davanti a Spitz con un'andatura spavalda e piena di minaccia beffarda.
Han gikk frem og tilbake foran Spitz med en bravur, full av hånlig trussel.
Questo crollo dell'ordine si diffuse anche tra i cani da slitta.
Det ordensbruddet spredte seg også blant sledehundene.
Litigarono e discussero più che mai, riempiendo l'accampamento di rumore.
De sloss og kranglet mer enn noensinne, og fylte leiren med støy.
Ogni notte la vita nel campeggio si trasformava in un caos selvaggio e ululante.
Leirlivet forvandlet seg til et vilt, hylende kaos hver natt.
Solo Dave e Solleks rimasero fermi e concentrati.
Bare Dave og Solleks forble stødige og fokuserte.
Ma anche loro diventarono irascibili a causa delle continue risse.
Men selv de ble kort lunte av de konstante slåsskampene.
François imprecò in lingue strane e batté i piedi per la frustrazione.
François bannet på fremmede språk og trampet i frustrasjon.
Si strappò i capelli e urlò mentre la neve gli volava sotto i piedi.
Han rev seg i håret og ropte mens snøen fløy under føttene.
La sua frusta schioccò contro il gruppo, ma a malapena riuscì a tenerli in riga.
Pisken hans smell over flokken, men holdt dem så vidt på linje.
Ogni volta che voltava le spalle, la lotta ricominciava.

Hver gang han ble vendt ryggen til, brøt kampene ut igjen.
François usò la frusta per Spitz, mentre Buck guidava i ribelli.
François brukte piskeslaget for Spitz, mens Buck ledet opprørerne.
Ognuno conosceva il ruolo dell'altro, ma Buck evitava di addossare ogni colpa.
Begge visste hva den andres rolle var, men Buck unngikk enhver skyld.
François non ha mai colto Buck mentre iniziava una rissa o si sottraeva al suo lavoro.
François tok aldri Buck på fersken i å starte en slåsskamp eller unnlate jobben sin.
Buck lavorava duramente ai finimenti: la fatica ora gli dava entusiasmo.
Buck jobbet hardt i seletøy – slitet begeistret nå humøret hans.
Ma trovava ancora più gioia nel fomentare risse e caos nell'accampamento.
Men han fant enda større glede i å skape slåsskamper og kaos i leiren.

Una sera, alla foce del Tahkeena, Dub spaventò un coniglio.
En kveld ved Tahkeenas munn skremte Dub en kanin.
Mancò la presa e il coniglio con la racchetta da neve balzò via.
Han bommet på fangsten, og trugekaninen sprang av gårde.
Nel giro di pochi secondi, l'intera squadra di slitte si lanciò all'inseguimento, gridando a squarciagola.
I løpet av sekunder satte hele sledeteamet i gang jakten med ville rop.
Nelle vicinanze, un accampamento della polizia del nord-ovest ospitava cinquanta cani husky.
I nærheten huset en politileir for det nordvestlige politiet femti huskyhunder.
Si unirono alla caccia, scendendo insieme il fiume ghiacciato.

De ble med på jakten, og strømmet nedover den frosne elven sammen.

Il coniglio lasciò il fiume e fuggì lungo il letto ghiacciato di un ruscello.

Kaninen svingte av elven og flyktet opp et frossent bekkeleie.

Il coniglio saltellava leggero sulla neve mentre i cani si facevano strada a fatica.

Kaninen hoppet lett over snøen mens hundene kjempet seg gjennom.

Buck guidava l'enorme branco di sessanta cani attorno a ogni curva tortuosa.

Buck ledet den enorme flokken på seksti hunder rundt hver sving.

Si spinse in avanti, basso e impaziente, ma non riuscì a guadagnare terreno.

Han presset seg fremover, lavt og ivrig, men klarte ikke å vinne terreng.

Il suo corpo brillava sotto la pallida luna a ogni potente balzo.

Kroppen hans glimtet under den bleke månen for hvert kraftige sprang.

Davanti a loro, il coniglio si muoveva come un fantasma, silenzioso e troppo veloce per essere catturato.

Foran beveget kaninen seg som et spøkelse, stille og for rask til å fange den igjen.

Tutti quei vecchi istinti, la fame, l'eccitazione, attraversarono Buck.

Alle de gamle instinktene – sulten, spenningen – strømmet gjennom Buck.

A volte gli esseri umani avvertono questo istinto e sono spinti a cacciare con armi da fuoco e proiettili.

Mennesker føler dette instinktet til tider, drevet til å jakte med gevær og kule.

Ma Buck provava questa sensazione a un livello più profondo e personale.

Men Buck følte denne følelsen på et dypere og mer personlig nivå.

Non riuscivano a percepire la natura selvaggia nel loro sangue come Buck.
De kunne ikke føle villmarken i blodet sitt slik Buck kunne føle den.
Inseguiva la carne viva, pronto a uccidere con i denti e ad assaggiare il sangue.
Han jaget levende kjøtt, klar til å drepe med tennene og smake blod.
Il suo corpo si tendeva per la gioia, desiderando immergersi nel caldo rosso della vita.
Kroppen hans anstrengte seg av glede, og ville bade i varmt, rødt liv.
Una strana gioia segna il punto più alto che la vita possa mai raggiungere.
En merkelig glede markerer det høyeste punktet livet noen gang kan nå.
La sensazione di raggiungere un picco in cui i vivi dimenticano di essere vivi.
Følelsen av en topp der de levende glemmer at de i det hele tatt lever.
Questa gioia profonda tocca l'artista immerso in un'ispirazione ardente.
Denne dype gleden berører kunstneren som er fortapt i flammende inspirasjon.
Questa gioia afferra il soldato che combatte selvaggiamente e non risparmia alcun nemico.
Denne gleden griper soldaten som kjemper vilt og ikke skåner noen fiende.
Questa gioia ora colpì Buck mentre guidava il branco in preda alla fame primordiale.
Denne gleden krevde nå Buck idet han ledet flokken i ursult.
Ululò con l'antico grido del lupo, emozionato per l'inseguimento.
Han hylte med det eldgamle ulveskriket, begeistret av den levende jakten.
Buck fece appello alla parte più antica di sé, persa nella natura selvaggia.

Buck tappet inn i den eldste delen av seg selv, fortapt i naturen.
Scavò in profondità dentro di sé, oltre la memoria, fino al tempo grezzo e antico.
Han nådde dypt inn i sitt indre, i tidligere minner, inn i rå, eldgammel tid.
Un'ondata di vita pura pervase ogni muscolo e tendine.
En bølge av rent liv strømmet gjennom hver muskel og sene.
Ogni salto gridava che viveva, che attraversava la morte.
Hvert sprang ropte at han levde, at han beveget seg gjennom døden.
Il suo corpo si librava gioioso su una terra immobile e fredda che non si muoveva mai.
Kroppen hans svevde gledesfylt over stille, kaldt land som aldri rørte seg.
Spitz rimase freddo e astuto anche nei suoi momenti più selvaggi.
Spitz forble kald og utspekulert, selv i sine villeste øyeblikk.
Lasciò il sentiero e attraversò un terreno dove il torrente formava una curva ampia.
Han forlot stien og krysset land der bekken svingte bredt.
Buck, ignaro di ciò, rimase sul sentiero tortuoso del coniglio.
Buck, uvitende om dette, holdt seg på kaninens svingete sti.
Poi, mentre Buck svoltava dietro una curva, il coniglio spettrale si trovò davanti a lui.
Så, idet Buck rundet en sving, var den spøkelseslignende kaninen foran ham.
Vide una seconda figura balzare dalla riva precedendo la preda.
Han så en annen skikkelse hoppe fra bredden foran byttet.
La figura era Spitz, atterrato proprio sulla traiettoria del coniglio in fuga.
Skikkelsen var Spitz, som landet rett i veien for den flyktende kaninen.
Il coniglio non riuscì a girarsi e incontrò le fauci di Spitz a mezz'aria.
Kaninen kunne ikke snu seg og møtte Spitz' kjever i luften.

La spina dorsale del coniglio si spezzò con un grido acuto come il grido di un essere umano morente.
Kaninens ryggrad brakk med et skrik like skarpt som et døende menneskes skrik.
A quel suono, il passaggio dalla vita alla morte, il branco ululò forte.
Ved den lyden – fallet fra liv til død – hylte flokken høyt.
Un coro selvaggio si levò da dietro Buck, pieno di oscura gioia.
Et vilt kor steg opp bak Buck, fullt av mørk glede.
Buck non emise alcun grido, nessun suono e si lanciò dritto verso Spitz.
Buck skrek ikke, ingen lyd, og stormet rett inn i Spitz.
Mirò alla gola, ma colpì invece la spalla.
Han siktet mot strupen, men traff skulderen i stedet.
Caddero nella neve soffice, i loro corpi erano intrappolati in un combattimento.
De tumlet gjennom myk snø; kroppene deres var låst i kamp.
Spitz balzò in piedi rapidamente, come se non fosse mai stato atterrato.
Spitz spratt raskt opp, som om han aldri var blitt slått ned.
Colpì Buck alla spalla e poi balzò fuori dalla mischia.
Han skar Buck i skulderen, og sprang deretter unna kampen.
Per due volte i suoi denti schioccarono come trappole d'acciaio, e le sue labbra si arricciarono e si fecero feroci.
To ganger knakk tennene hans som stålfeller, leppene krøllet seg sammen og var vilde.
Arretrò lentamente, cercando un terreno solido sotto i piedi.
Han rygget sakte unna og lette etter fast grunn under føttene.
Buck comprese il momento all'istante e pienamente.
Buck forsto øyeblikket umiddelbart og fullt ut.
Il momento era giunto: la lotta sarebbe stata una lotta all'ultimo sangue.
Tiden var inne; kampen skulle bli en kamp til døden.
I due cani giravano in cerchio, ringhiando, con le orecchie piatte e gli occhi socchiusi.

De to hundene gikk i sirkler, knurrende, med flate ører og smale øyne.

Ogni cane aspettava che l'altro mostrasse debolezza o facesse un passo falso.

Hver hund ventet på at den andre skulle vise svakhet eller feiltrinn.

Buck percepiva quella scena come stranamente nota e profondamente ricordata.

For Buck føltes scenen uhyggelig kjent og dypt husket.

I boschi bianchi, la terra fredda, la battaglia al chiaro di luna.

De hvite skogene, den kalde jorden, kampen under måneskinnet.

Un silenzio pesante, profondo e innaturale riempiva la terra.

En tung stillhet fylte landet, dyp og unaturlig.

Nessun vento si alzava, nessuna foglia si muoveva, nessun suono rompeva il silenzio.

Ingen vind rørte seg, intet blad beveget seg, ingen lyd brøt stillheten.

Il respiro dei cani si levava come fumo nell'aria gelida e silenziosa.

Hundenes pust steg opp som røyk i den frosne, stille luften.

Il coniglio era stato dimenticato da tempo dal branco di animali selvatici.

Kaninen var for lengst glemt av flokken med ville dyr.

Questi lupi semiaddomesticati ora stavano fermi in un ampio cerchio.

Disse halvtemmede ulvene sto nå stille i en vid sirkel.

Erano silenziosi, solo i loro occhi luminosi rivelavano la loro fame.

De var stille, bare de glødende øynene deres avslørte sulten.

Il loro respiro saliva, mentre osservavano l'inizio dello scontro finale.

Pusten deres steg, mens de så den siste kampen begynne.

Per Buck questa battaglia era vecchia e attesa, per niente strana.

For Buck var dette slaget gammelt og forventet, slett ikke merkelig.

Era come il ricordo di qualcosa che doveva accadere da sempre.
Det føltes som et minne om noe som alltid var ment å skje.
Spitz era un cane da combattimento addestrato, affinato da innumerevoli risse selvagge.
Spitz var en trent kamphund, finslipt av utallige ville slåsskamper.
Dallo Spitzbergen al Canada, aveva sconfitto molti nemici.
Fra Spitsbergen til Canada hadde han mestret mange fiender.
Era pieno di rabbia, ma non cedette mai il controllo alla rabbia.
Han var fylt av raseri, men ga aldri kontroll over raseriet.
La sua passione era acuta, ma sempre temperata dal duro istinto.
Lidenskapen hans var skarp, men alltid dempet av hardt instinkt.
Non ha mai attaccato finché non ha avuto la sua difesa pronta.
Han angrep aldri før hans eget forsvar var på plass.
Buck provò più volte a raggiungere il collo vulnerabile di Spitz.
Buck prøvde igjen og igjen å nå Spitz' sårbare nakke.
Ma ogni colpo veniva accolto da un fendente dei denti affilati di Spitz.
Men hvert slag ble møtt av et hugg fra Spitz' skarpe tenner.
Le loro zanne si scontrarono ed entrambi i cani sanguinarono dalle labbra lacerate.
Hoggtennene deres brøt sammen, og begge hundene blødde fra avrevne lepper.
Nonostante i suoi sforzi, Buck non riusciva a rompere la difesa.
Uansett hvor mye Buck kastet seg frem, klarte han ikke å bryte gjennom forsvaret.
Divenne sempre più furioso e si lanciò verso di lui con violente esplosioni di potenza.
Han ble mer rasende og stormet inn med ville maktutbrudd.
Buck colpì ripetutamente la bianca gola di Spitz.

Igjen og igjen slo Buck etter Spitz' hvite strupe.
Ogni volta Spitz schivava e contrattaccava con un morso tagliente.
Hver gang unngikk Spitz og slo tilbake med et skjærende bitt.
Poi Buck cambiò tattica, avventandosi di nuovo come se volesse colpirlo alla gola.
Så endret Buck taktikk og løp som om han ville strupe den igjen.
Ma a metà attacco si è ritirato, girandosi per colpire di lato.
Men han trakk seg tilbake midt i angrepet og snudde seg for å angripe fra siden.
Colpì Spitz con una spallata, con l'intento di buttarlo a terra.
Han kastet skulderen inn i Spitz i sikte på å slå ham ned.
Ogni volta che ci provava, Spitz lo schivava e rispondeva con un fendente.
Hver gang han prøvde, unngikk Spitz og kontret med et hugg.
La spalla di Buck si faceva scorticare mentre Spitz si liberava dopo ogni colpo.
Bucks skulder ble sår da Spitz hoppet unna etter hvert treff.
Spitz non era stato toccato, mentre Buck sanguinava dalle numerose ferite.
Spitz hadde ikke blitt rørt, mens Buck blødde fra mange sår.
Il respiro di Buck era affannoso e pesante, il suo corpo era viscido di sangue.
Bucks pust kom raskt og tungt, kroppen hans glatt av blod.
La lotta diventava più brutale a ogni morso e carica.
Kampen ble mer brutal for hvert bitt og angrep.
Attorno a loro, sessanta cani silenziosi aspettavano che il primo cadesse.
Rundt dem ventet seksti stille hunder på at de første skulle falle.
Se un cane fosse caduto, il branco avrebbe posto fine alla lotta.
Hvis én hund falt, ville flokken avslutte kampen.
Spitz vide Buck indebolirsi e cominciò ad attaccare.
Spitz så at Buck svekkes, og begynte å presse på.

Mantenne Buck sbilanciato, costringendolo a lottare per restare in piedi.
Han holdt Buck ut av balanse, og tvang ham til å kjempe for å få fotfeste.
Una volta Buck inciampò e cadde, e tutti i cani si rialzarono.
En gang snublet Buck og falt, og alle hundene reiste seg opp.
Ma Buck si raddrizzò a metà caduta e tutti ricaddero.
Men Buck rettet seg opp midt i fallet, og alle sank ned igjen.
Buck aveva qualcosa di raro: un'immaginazione nata da un profondo istinto.
Buck hadde noe sjeldent – fantasi født av dype instinkter.
Combatté per istinto naturale, ma combatté anche con astuzia.
Han kjempet av naturlig drivkraft, men han kjempet også med list.
Tornò ad attaccare come se volesse ripetere il trucco dell'attacco alla spalla.
Han stormet igjen som om han gjentok skulderangrepstrikset sitt.
Ma all'ultimo secondo si abbassò e passò sotto Spitz.
Men i siste sekund falt han lavt og feide under Spitz.
I suoi denti si bloccarono sulla zampa anteriore sinistra di Spitz con uno schiocco.
Tennene hans låste seg fast på Spitz' venstre forbein med et smell.
Spitz ora era instabile e il suo peso gravava solo su tre zampe.
Spitz sto nå ustø, med vekten sin på bare tre bein.
Buck colpì di nuovo e tentò tre volte di atterrarlo.
Buck slo til igjen og prøvde tre ganger å felle ham.
Al quarto tentativo ha usato la stessa mossa con successo
På fjerde forsøk brukte han samme bevegelse med hell
Questa volta Buck riuscì a mordere la zampa destra di Spitz.
Denne gangen klarte Buck å bite Spitz i høyrebeinet.
Spitz, benché storpio e in agonia, continuò a lottare per sopravvivere.

Spitz, selv om han var forkrøplet og i smerte, fortsatte å kjempe for å overleve.
Vide il cerchio degli husky stringersi, con le lingue fuori e gli occhi luminosi.
Han så sirkelen av huskyer tette seg sammen, med tunger ute og øyne som glødet.
Aspettarono di divorarlo, proprio come avevano fatto con gli altri.
De ventet på å sluke ham, akkurat som de hadde gjort med andre.
Questa volta era lui al centro, sconfitto e condannato.
Denne gangen sto han i sentrum; beseiret og dømt.
Ormai il cane bianco non aveva più alcuna possibilità di fuga.
Den hvite hunden hadde ingen mulighet til å flykte nå.
Buck non mostrò alcuna pietà, perché la pietà non era a posto nella natura selvaggia.
Buck viste ingen nåde, for nåde hørte ikke hjemme i villmarken.
Buck si mosse con cautela, preparandosi per la carica finale.
Buck beveget seg forsiktig og gjorde seg klar til det siste angrepet.
Il cerchio degli husky si stringeva; lui sentiva i loro respiri caldi.
Sirkelen av huskyer lukket seg om hverandre; han kjente de varme pustene deres.
Si accovacciarono, pronti a scattare quando fosse giunto il momento.
De bøyde seg ned, klare til å sprette når øyeblikket kom.
Spitz tremava nella neve, ringhiando e cambiando posizione.
Spitz skalv i snøen, knurret og endret stilling.
I suoi occhi brillavano, le labbra si arricciavano, i denti brillavano in un'espressione disperata e minacciosa.
Øynene hans strålte, leppene hans krøllet seg sammen, tennene glitret i desperat trussel.

Barcollò, cercando ancora di resistere al freddo morso della morte.
Han sjanglet, fortsatt i et forsøk på å holde dødens kalde bitt tilbake.
Aveva già visto situazioni simili, ma sempre dalla parte dei vincitori.
Han hadde sett dette før, men alltid fra vinnersiden.
Ora era dalla parte perdente; lo sconfitto; la preda; la morte.
Nå var han på den tapende siden; den beseirede; byttet; døden.
Buck si preparò al colpo finale, mentre il cerchio dei cani si faceva sempre più stretto.
Buck sirklet for å gi det siste slaget, hunderingen presset seg tettere.
Poteva sentire i loro respiri caldi; erano pronti a uccidere.
Han kunne føle de varme pustene deres; klare til å bli drept.
Calò il silenzio; tutto era al suo posto; il tempo si era fermato.
Det ble stilt; alt var på sin plass; tiden hadde stoppet.
Persino l'aria fredda tra loro si congelò per un ultimo istante.
Selv den kalde luften mellom dem frøs til et siste øyeblikk.
Soltanto Spitz si mosse, cercando di trattenere la sua fine amara.
Bare Spitz rørte seg og prøvde å holde den bitre enden tilbake.
Il cerchio dei cani si stava stringendo attorno a lui, come era suo destino.
Sirkelen av hunder lukket seg rundt ham, i likhet med hans skjebne.
Ora era disperato, sapendo cosa stava per accadere.
Han var desperat nå, vel vitende om hva som skulle skje.
Buck balzò dentro e la sua spalla incontrò la sua spalla per l'ultima volta.
Buck sprang inn, skulder møtte skulder en siste gang.
I cani si lanciarono in avanti, nascondendo Spitz nell'oscurità della neve.
Hundene stormet fremover og dekket Spitz i det snødekte mørket.

Buck osservava, eretto e fiero; il vincitore in un mondo selvaggio.
Buck så på, stående rakrygget; seierherren i en vill verden.
La bestia primordiale dominante aveva fatto la sua uccisione, e la aveva fatta bene.
Det dominerende urbeistet hadde gjort sitt bytte, og det var bra.

Colui che ha conquistato la maestria
Han som har vunnet mesterskapet

"Eh? Cosa ho detto? Dico la verità quando dico che Buck è un diavolo."
«Eh? Hva sa jeg? Jeg snakker sant når jeg sier at Buck er en djevel.»
François raccontò questo la mattina dopo aver scoperto la scomparsa di Spitz.
François sa dette neste morgen etter at han fant Spitz savnet.
Buck rimase lì, coperto di ferite causate dal violento combattimento.
Buck sto der, dekket av sår etter den voldsomme kampen.
François tirò Buck vicino al fuoco e indicò le ferite.
François dro Buck bort til bålet og pekte på skadene.
«Quello Spitz ha combattuto come il Devik», disse Perrault, osservando i profondi tagli.
«Den Spitzen kjempet som Deviken,» sa Perrault, mens han kikket på de dype sårene.
«E quel Buck si batteva come due diavoli», rispose subito François.
«Og at Buck kjempet som to djevler,» svarte François med en gang.
"Ora faremo buon passo; niente più Spitz, niente più guai."
«Nå skal vi ha det bra; ikke mer Spitz, ikke mer bråk.»
Perrault stava preparando l'attrezzatura e caricò la slitta con cura.
Perrault pakket utstyret og lastet sleden med forsiktighet.
François bardò i cani per prepararli alla corsa della giornata.
François selet hundene som forberedelse til dagens løpetur.
Buck trotterellò dritto verso la posizione di testa, precedentemente occupata da Spitz.
Buck travet rett til lederposisjonen som en gang var Spitz.
Ma François, senza accorgersene, condusse Solleks in prima linea.
Men François, som ikke la merke til det, ledet Solleks frem til fronten.

Secondo François, Solleks era ora il miglior cane da corsa.
Etter François' vurdering var Solleks nå den beste ledehunden.
Buck si scagliò furioso contro Solleks e lo respinse indietro in segno di protesta.
Buck sprang mot Solleks i raseri og drev ham tilbake i protest.
Si fermò dove un tempo si era fermato Spitz, rivendicando la posizione di comando.
Han sto der Spitz en gang hadde stått, og gjorde krav på lederposisjonen.
"Eh? Eh?" esclamò François, dandosi una pacca sulle cosce divertito.
«Eh? Eh?» ropte François og slo seg muntert på lårene.
"Guarda Buck: ha ucciso Spitz, ora vuole prendersi il posto!"
«Se på Buck – han drepte Spitz, nå vil han ta jobben!»
"Vattene via, Chook!" urlò, cercando di scacciare Buck.
«Gå vekk, Chook!» ropte han og prøvde å jage Buck vekk.
Ma Buck si rifiutò di muoversi e rimase immobile nella neve.
Men Buck nektet å røre seg og sto stødig i snøen.
François afferrò Buck per la collottola e lo trascinò da parte.
François grep tak i Bucks skinnekrage og dro ham til side.
Buck ringhiò basso e minaccioso, ma non attaccò.
Buck knurret lavt og truende, men angrep ikke.
François rimette Solleks in testa, cercando di risolvere la disputa
François satte Solleks tilbake i ledelsen og prøvde å bilegge tvisten
Il vecchio cane mostrò paura di Buck e non voleva restare.
Den gamle hunden viste frykt for Buck og ville ikke bli.
Quando François gli voltò le spalle, Buck scacciò di nuovo Solleks.
Da François snudde ryggen til, drev Buck Solleks ut igjen.
Solleks non oppose resistenza e si fece di nuovo da parte in silenzio.
Solleks gjorde ikke motstand og trakk seg stille til side nok en gang.
François si arrabbiò e urlò: "Per Dio, ti sistemo!"

François ble sint og ropte: «Ved Gud, jeg reparerer deg!»
Si avvicinò a Buck tenendo in mano una pesante mazza.
Han kom mot Buck med en tung kølle i hånden.
Buck ricordava bene l'uomo con il maglione rosso.
Buck husket mannen i den røde genseren godt.
Si ritirò lentamente, osservando François ma ringhiando profondamente.
Han trakk seg sakte tilbake, mens han så på François, men knurret dypt.
Non si affrettò a tornare indietro, nemmeno quando Solleks si mise al suo posto.
Han skyndte seg ikke tilbake, selv ikke da Solleks sto på plassen hans.
Buck si girò in cerchio, appena fuori dalla sua portata, ringhiando furioso e protestando.
Buck sirklet like utenfor rekkevidde, glefset rasende og protesterende.
Teneva gli occhi fissi sulla mazza, pronto a schivare il colpo se François l'avesse lanciata.
Han holdt blikket festet på køllen, klar til å dukke unna hvis François kastet.
Era diventato saggio e cauto nei confronti degli uomini che maneggiavano le armi.
Han hadde blitt klok og forsiktig når det gjaldt menn med våpen.
François si arrese e chiamò di nuovo Buck al suo vecchio posto.
François ga opp og kalte Buck tilbake til sitt tidligere sted.
Ma Buck fece un passo indietro con cautela, rifiutandosi di obbedire all'ordine.
Men Buck trakk seg forsiktig tilbake og nektet å adlyde ordren.
François lo seguì, ma Buck indietreggiò solo di pochi passi.
François fulgte etter, men Buck trakk seg bare noen få skritt tilbake.
Dopo un po' François gettò a terra l'arma, frustrato.
Etter en stund kastet François våpenet ned i frustrasjon.

Pensava che Buck avesse paura di essere picchiato e che avrebbe fatto lo stesso senza far rumore.
Han trodde Buck fryktet å bli slått og kom til å komme stille.
Ma Buck non stava evitando la punizione: stava lottando per ottenere un rango.
Men Buck unngikk ikke straff – han kjempet for rang.
Si era guadagnato il posto di capobranco combattendo fino alla morte
Han hadde fortjent lederhundplassen gjennom en kamp på liv og død
non si sarebbe accontentato di niente di meno che di essere il leader.
Han ville ikke nøye seg med noe mindre enn å være leder.

Perrault si unì all'inseguimento per aiutare a catturare il ribelle Buck.
Perrault tok en hånd med i jakten for å hjelpe til med å fange den opprørske Buck.
Insieme lo portarono in giro per l'accampamento per quasi un'ora.
Sammen løp de ham rundt i leiren i nesten en time.
Gli scagliarono contro dei bastoni, ma Buck li schivò abilmente uno per uno.
De kastet køller mot ham, men Buck unngikk hver enkelt dyktig.
Maledissero lui, i suoi antenati, i suoi discendenti e ogni suo capello.
De forbannet ham og hans forfedre og hans etterkommere og hvert hårstrå på ham.
Ma Buck si limitò a ringhiare e a restare appena fuori dalla loro portata.
Men Buck bare knurret tilbake og holdt seg like utenfor deres rekkevidde.
Non cercò mai di scappare, ma continuò a girare intorno all'accampamento deliberatamente.
Han prøvde aldri å løpe vekk, men gikk med vilje rundt leiren.

Disse chiaramente che avrebbe obbedito una volta ottenuto ciò che voleva.
Han gjorde det klart at han kom til å adlyde når de ga ham det han ville ha.
Alla fine François si sedette e si grattò la testa, frustrato.
François satte seg endelig ned og klødde seg i hodet i frustrasjon.
Perrault controllò l'orologio, imprecò e borbottò qualcosa sul tempo perso.
Perrault sjekket klokken sin, bannet og mumlet om tapt tid.
Era già trascorsa un'ora, mentre avrebbero dovuto essere sulle tracce.
Det hadde allerede gått en time da de skulle ha vært på stien.
François alzò le spalle timidamente, guardando il corriere, che sospirò sconfitto.
François trakk beskjedent på skuldrene mot kureren, som sukket nederlagsfullt.
Poi François si avvicinò a Solleks e chiamò ancora una volta Buck.
Så gikk François bort til Solleks og ropte på Buck en gang til.
Buck rise come ride un cane, ma mantenne una cauta distanza.
Buck lo som en hund ler, men holdt forsiktig avstand.
François tolse l'imbracatura a Solleks e lo rimise al suo posto.
François tok av Solleks sele og satte ham tilbake på plassen sin.
La squadra di slittini era completamente imbracata, con un solo posto libero.
Akespannet sto fullt utspent, med bare én ledig plass.
La posizione di comando rimase vuota, chiaramente riservata solo a Buck.
Lederposisjonen forble tom, tydeligvis ment for Buck alene.
François chiamò di nuovo e di nuovo Buck rise e mantenne la sua posizione.
François ropte igjen, og igjen lo Buck og holdt stand.
«Gettate giù la mazza», ordinò Perrault senza esitazione.

«Kast ned køllen», beordret Perrault uten å nøle.
François obbedì e Buck si lanciò subito avanti con orgoglio.
François adlød, og Buck travet straks stolt fremover.
Rise trionfante e assunse la posizione di comando.
Han lo triumferende og tok ledelsen.
François fissò le corde e la slitta si staccò.
François sikret sporene sine, og sleden ble løsnet.
Entrambi gli uomini corsero fianco a fianco mentre la squadra si lanciava lungo il sentiero del fiume.
Begge mennene løp ved siden av mens laget løp inn på elvestien.
François aveva avuto una grande stima dei "due diavoli" di Buck,
François hadde satt høye krav til Bucks «to djevler».
ma ben presto si rese conto di aver in realtà sottovalutato il cane.
men han innså snart at han faktisk hadde undervurdert hunden.
Buck assunse rapidamente la leadership e si comportò in modo eccellente.
Buck tok raskt lederskap og presterte med dyktighet.
Buck superò Spitz per capacità di giudizio, rapidità di pensiero e rapidità di azione.
I dømmekraft, rask tenkning og rask handling overgikk Buck Spitz.
François non aveva mai visto un cane pari a quello che Buck mostrava ora.
François hadde aldri sett en hund som kunne måle seg med den Buck nå viste frem.
Ma Buck eccelleva davvero nel far rispettare l'ordine e nel imporre rispetto.
Men Buck utmerket seg virkelig i å håndheve orden og inngyte respekt.
Dave e Solleks accettarono il cambiamento senza preoccupazioni o proteste.
Dave og Solleks aksepterte endringen uten bekymring eller protest.

Si concentravano solo sul lavoro e tiravano forte le redini.
De fokuserte bare på arbeid og å trekke hardt i tøylene.
A loro importava poco chi guidasse, purché la slitta continuasse a muoversi.
De brydde seg lite om hvem som ledet, så lenge sleden fortsatte å bevege seg.
Billee, quella allegra, avrebbe potuto comandare per quel che volevano.
Billee, den muntre, kunne ha ledet an for alt de brydde seg om.
Ciò che contava per loro era la pace e l'ordine tra i ranghi.
Det som var viktig for dem var ro og orden i rekkene.

Il resto della squadra era diventato indisciplinato durante il declino di Spitz.
Resten av laget hadde blitt uregjerlige under Spitz' tilbakegang.
Rimasero scioccati quando Buck li riportò immediatamente all'ordine.
De ble sjokkerte da Buck umiddelbart tok dem i orden.
Pike era sempre stato pigro e aveva sempre tergiversato dietro a Buck.
Pike hadde alltid vært lat og slept beina etter Buck.
Ma ora è stato severamente disciplinato dalla nuova leadership.
Men nå ble han strengt disiplinert av den nye ledelsen.
E imparò rapidamente a dare il suo contributo alla squadra.
Og han lærte raskt å gjøre sin del av laget.
Alla fine della giornata, Pike lavorò più duramente che mai.
Mot slutten av dagen jobbet Pike hardere enn noen gang før.
Quella notte all'accampamento, Joe, il cane scontroso, fu finalmente domato.
Den kvelden i leiren ble Joe, den sure hunden, endelig underkuet.
Spitz non era riuscito a disciplinarlo, ma Buck non aveva fallito.
Spitz hadde unnlatt å disiplinere ham, men Buck sviktet ikke.

Sfruttando il suo peso maggiore, Buck sopraffece Joe in pochi secondi.
Ved å bruke sin større vekt overmannet Buck Joe på få sekunder.
Morse e picchiò Joe finché questi non si mise a piagnucolare e smise di opporre resistenza.
Han bet og slo Joe til han klynket og sluttet å gjøre motstand.
Da quel momento in poi l'intera squadra migliorò.
Hele laget forbedret seg fra det øyeblikket av.
I cani ritrovarono la loro antica unità e disciplina.
Hundene gjenvant sin gamle samhold og disiplin.
A Rink Rapids si sono uniti al gruppo due nuovi husky autoctoni, Teek e Koona.
Ved Rink Rapids ble to nye innfødte huskyer, Teek og Koona, med.
La rapidità con cui Buck li addestramento stupì perfino François.
Bucks raske trening av dem forbløffet til og med François.
"Non è mai esistito un cane come quel Buck!" esclamò stupito.
«Det har aldri vært en hund som den Buck!» ropte han forbløffet.
"No, mai! Vale mille dollari, per Dio!"
«Nei, aldri! Han er verdt tusen dollar, for pokker!»
"Eh? Che ne dici, Perrault?" chiese con orgoglio.
«Eh? Hva sier du, Perrault?» spurte han stolt.
Perrault annuì in segno di assenso e controllò i suoi appunti.
Perrault nikket samtykkende og sjekket notatene sine.
Siamo già in anticipo sui tempi e guadagniamo sempre di più ogni giorno.
Vi ligger allerede foran skjema og vi får mer hver dag.
Il sentiero era compatto e liscio, senza neve fresca.
Løypa var hardpakket og glatt, uten nysnø.
Il freddo era costante, con temperature che si aggiravano sempre sui cinquanta gradi sotto zero.
Kulden var jevn, og holdt seg på femti minusgrader hele tiden.

Per scaldarsi e guadagnare tempo, gli uomini si alternavano a cavallo e a correre.
Mennene red og løp etter tur for å holde varmen og få tid.
I cani correvano veloci, fermandosi di rado, spingendosi sempre in avanti.
Hundene løp fort med få stopp, og presset seg alltid fremover.
Il fiume Thirty Mile era per la maggior parte ghiacciato e facile da attraversare.
Thirty Mile-elven var stort sett frossen og lett å ferdes over.
In un giorno realizzarono ciò che per arrivare aveva impiegato dieci giorni.
De dro ut på én dag det som hadde tatt ti dager å komme inn.
Percorsero circa 96 chilometri dal lago Le Barge a White Horse.
De løp seksti mil fra Lake Le Barge til White Horse.
Si muovevano a velocità incredibile attraverso i laghi Marsh, Tagish e Bennett.
Over Marsh-, Tagish- og Bennett-sjøene beveget de seg utrolig raskt.
L'uomo che correva veniva trainato dietro la slitta con una corda.
Løpende mann tauet bak sleden i et tau.
L'ultima notte della seconda settimana giunsero a destinazione.
Den siste kvelden i uke to kom de frem til bestemmelsesstedet sitt.
Insieme avevano raggiunto la cima del White Pass.
De hadde nådd toppen av White Pass sammen.
Scesero fino al livello del mare, con le luci dello Skaguay sotto di loro.
De falt ned til havnivå med Skaguays lys under seg.
Era stata una corsa da record attraverso chilometri di fredda natura selvaggia.
Det hadde vært en rekordsettende løpetur gjennom kilometervis med kald villmark.
Per quattordici giorni di fila percorsero in media circa quaranta miglia.

I fjorten dager i strekk løp de i gjennomsnitt en solid 64 kilometer.

A Skaguay, Perrault e François trasportavano merci attraverso la città.

I Skaguay flyttet Perrault og François last gjennom byen.

Furono applauditi e ricevettero numerose bevande dalla folla ammirata.

De ble hyllet og tilbudt mange drinker av beundrende folkemengder.

I cacciatori di cani e gli operai si sono riuniti attorno alla famosa squadra cinofila.

Hundejegere og arbeidere samlet seg rundt det berømte hundespannet.

Poi i fuorilegge del West giunsero in città e subirono una violenta sconfitta.

Så kom vestlige fredløse til byen og møtte et voldelig nederlag.

La gente si dimenticò presto della squadra e si concentrò sul nuovo dramma.

Folket glemte snart laget og fokuserte på nytt drama.

Poi arrivarono i nuovi ordini che cambiarono tutto in un colpo.

Så kom de nye ordrene som forandret alt på én gang.

François chiamò Buck e lo abbracciò con orgoglio e lacrime.

François kalte Buck til seg og klemte ham med tårevåt stolthet.

Quel momento fu l'ultima volta che Buck vide di nuovo François.

Det øyeblikket var siste gang Buck så François igjen.

Come molti altri uomini prima di lui, sia François che Perrault se n'erano andati.

Som mange menn før, var både François og Perrault borte.

Un meticcio scozzese si prese cura di Buck e dei suoi compagni di squadra con i cani da slitta.

En skotsk halvblod tok ansvar for Buck og hans sledehundkamerater.

Con una dozzina di altre mute di cani, ritornarono lungo il sentiero fino a Dawson.

Med et dusin andre hundespann returnerte de langs stien til Dawson.

Non si trattava più di una corsa veloce, ma solo di un duro lavoro con un carico pesante ogni giorno.

Det var ingen rask løpetur nå – bare hardt slit med en tung last hver dag.

Si trattava del treno postale che portava notizie ai cercatori d'oro vicino al Polo.

Dette var posttoget som brakte bud til gulljegere nær polpunktet.

Buck non amava il lavoro, ma lo sopportò bene, essendo orgoglioso del suo impegno.

Buck mislikte arbeidet, men tålte det godt og var stolt av innsatsen sin.

Come Dave e Solleks, Buck dimostrava dedizione in ogni compito quotidiano.

I likhet med Dave og Solleks viste Buck hengivenhet til hver eneste daglige oppgave.

Si è assicurato che tutti i suoi compagni di squadra dessero il massimo.

Han sørget for at lagkameratene hans gjorde sitt ytterste.

La vita sui sentieri divenne noiosa e si ripeteva con la precisione di una macchina.

Livet på stiene ble kjedelig, gjentatt med en maskins presisjon.

Ogni giorno era uguale, una mattina si fondeva con quella successiva.

Hver dag føltes lik, den ene morgenen gikk over i den neste.

Alla stessa ora, i cuochi si alzarono per accendere il fuoco e preparare il cibo.

I samme time sto kokkene opp for å lage bål og lage mat.

Dopo colazione alcuni lasciarono l'accampamento mentre altri attaccarono i cani.

Etter frokost forlot noen leiren mens andre spente på hundene.

Raggiunsero il sentiero prima che il pallido segnale dell'alba sfiorasse il cielo.

De kom i gang før den svake varsellyden om daggry nådde himmelen.

Di notte si fermavano per accamparsi, e a ogni uomo veniva assegnato un compito.

Om natten stoppet de for å slå leir, hver mann med en fast plikt.

Alcuni montarono le tende, altri tagliarono la legna da ardere e raccolsero rami di pino.

Noen slo opp teltene, andre hogg ved og samlet furugrener.

Acqua o ghiaccio venivano portati ai cuochi per la cena serale.

Vann eller is ble båret tilbake til kokkene til kveldsmåltidet.

I cani vennero nutriti e per loro quello fu il momento migliore della giornata.

Hundene fikk mat, og dette var den beste delen av dagen for dem.

Dopo aver mangiato il pesce, i cani si rilassarono e oziarono vicino al fuoco.

Etter å ha spist fisk, slappet hundene av og lå og slengte seg rundt bålet.

Nel convoglio c'erano un centinaio di altri cani con cui socializzare.

Det var hundre andre hunder i konvoien å omgås med.

Molti di quei cani erano feroci e pronti a combattere senza preavviso.

Mange av disse hundene var ville og raske til å slåss uten forvarsel.

Ma dopo tre vittorie, Buck riuscì a domare anche i combattenti più feroci.

Men etter tre seire mestret Buck selv de tøffeste slåsskjempene.

Ora, quando Buck ringhiò e mostrò i denti, loro si fecero da parte.

Da Buck knurret og viste tennene, trakk de seg til side.

Forse la cosa più bella di tutte era che a Buck piaceva sdraiarsi vicino al fuoco tremolante.

Kanskje aller best var det at Buck elsket å ligge ved det blafrende bålet.

Si accovacciò, con le zampe posteriori ripiegate e quelle anteriori distese in avanti.

Han satt på huk med bakbeina innfelt og forbeina strukket fremover.
Teneva la testa sollevata e sbatteva dolcemente le palpebre verso le fiamme ardenti.
Hodet hans var hevet mens han blunket mykt mot de glødende flammene.
A volte ricordava la grande casa del giudice Miller a Santa Clara.
Noen ganger mintes han dommer Millers store hus i Santa Clara.
Pensò alla piscina di cemento, a Ysabel e al carlino di nome Toots.
Han tenkte på sementbassenget, på Ysabel og mopsen som het Toots.
Ma più spesso si ricordava del bastone dell'uomo con il maglione rosso.
Men oftere husket han mannen med køllen til den røde genseren.
Ricordava la morte di Curly e la sua feroce battaglia con Spitz.
Han husket Krølletes død og hans harde kamp med Spitz.
Ricordava anche il buon cibo che aveva mangiato o che ancora sognava.
Han mintes også den gode maten han hadde spist eller fortsatt drømte om.
Buck non aveva nostalgia di casa: la valle calda era lontana e irreale.
Buck lengtet ikke hjem – den varme dalen var fjern og uvirkelig.
I ricordi della California non avevano più alcun fascino su di lui.
Minnene fra California hadde ikke lenger noen reell tiltrekningskraft på ham.
Più forti della memoria erano gli istinti radicati nella sua stirpe.
Sterkere enn hukommelsen var instinkter dypt i hans blodslinje.

Le abitudini un tempo perdute erano tornate, ravvivate dal sentiero e dalla natura selvaggia.
Vaner som en gang var tapt hadde kommet tilbake, gjenopplivet av stien og villmarken.
Mentre Buck osservava la luce del fuoco, a volte questa diventava qualcos'altro.
Når Buck så på lyset fra bålet, ble det noen ganger til noe annet.
Vide alla luce del fuoco un altro fuoco, più vecchio e più profondo di quello attuale.
Han så i lyset fra ilden en annen ild, eldre og dypere enn den nåværende.
Accanto all'altro fuoco era accovacciato un uomo che non somigliava per niente al cuoco meticcio.
Ved siden av den andre ilden satt en mann ulik den halvblods kokken.
Questa figura aveva gambe corte, braccia lunghe e muscoli duri e contratti.
Denne figuren hadde korte ben, lange armer og harde, sammenknyttede muskler.
I suoi capelli erano lunghi e arruffati, e gli scendevano all'indietro a partire dagli occhi.
Håret hans var langt og flokete, og skrånet bakover fra øynene.
Emetteva strani suoni e fissava l'oscurità con paura.
Han lagde merkelige lyder og stirret fryktsomt ut i mørket.
Teneva bassa una mazza di pietra, stretta saldamente nella sua mano lunga e ruvida.
Han holdt en steinkølle lavt, hardt klemt i den lange, ru hånden sin.
L'uomo indossava ben poco: solo una pelle carbonizzata che gli pendeva lungo la schiena.
Mannen hadde lite på seg; bare en forkullet hud som hang nedover ryggen hans.
Il suo corpo era ricoperto da una folta peluria sulle braccia, sul petto e sulle cosce.

Kroppen hans var dekket av tykt hår på armene, brystet og lårene.
Alcune parti del pelo erano aggrovigliate e formavano chiazze di pelo ruvido.
Noen deler av håret var flokete inn i flekker med ru pels.
Non stava dritto, ma era piegato in avanti dai fianchi alle ginocchia.
Han sto ikke rett, men bøyde seg fremover fra hoftene til knærne.
I suoi passi erano elastici e felini, come se fosse sempre pronto a scattare.
Skrittene hans var fjærende og katteaktige, som om han alltid var klar til å hoppe.
C'era una forte allerta, come se vivesse nella paura costante.
Det var en skarp årvåkenhet, som om han levde i konstant frykt.
Quest'uomo anziano sembrava aspettarsi il pericolo, indipendentemente dal fatto che questo venisse visto o meno.
Denne eldgamle mannen syntes å forvente fare, enten faren ble sett eller ikke.
A volte l'uomo peloso dormiva accanto al fuoco, con la testa tra le gambe.
Til tider sov den hårete mannen ved bålet med hodet mellom beina.
Teneva i gomiti sulle ginocchia e le mani giunte sopra la testa.
Albuene hans hvilte på knærne, hendene foldet over hodet.
Come un cane, usava le sue braccia pelose per proteggersi dalla pioggia che cadeva.
Som en hund brukte han sine hårete armer til å felle av seg det fallende regnet.
Oltre la luce del fuoco, Buck vide due carboni ardenti che ardevano nell'oscurità.
Bak lyset fra bålet så Buck to kull som glødet i mørket.
Sempre a due a due, erano gli occhi delle bestie da preda.
Alltid to og to, var de øynene til forfølgende rovdyr.

Sentì corpi che si infrangevano tra i cespugli e rumori provenienti dalla notte.
Han hørte kropper krasje gjennom kratt og lyder laget om natten.
Sdraiato sulla riva dello Yukon, sbattendo le palpebre, Buck sognò accanto al fuoco.
Buck lå og blunket ved bålet og drømte på Yukon-bredden.
Le immagini e i suoni di quel mondo selvaggio gli fecero rizzare i capelli.
Synene og lydene fra den ville verdenen fikk hårene hans til å reise seg.
La pelliccia gli si drizzò lungo la schiena, sulle spalle e sul collo.
Pelsen steg langs ryggen, skuldrene og oppover nakken hans.
Gemeva piano o emetteva un ringhio basso dal profondo del petto.
Han klynket lavt eller knurret lavt dypt inne i brystet.
Allora il cuoco meticcio urlò: "Ehi, Buck, svegliati!"
Så ropte halvblodskokken: «Hei, Buck, våkn opp!»
Il mondo dei sogni svanì e la vera vita tornò agli occhi di Buck.
Drømmeverdenen forsvant, og det virkelige livet vendte tilbake til Bucks øyne.
Si sarebbe alzato, si sarebbe stiracchiato e avrebbe sbadigliato, come se si fosse svegliato da un pisolino.
Han skulle til å reise seg, strekke seg og gjespe, som om han hadde vekket fra en lur.
Il viaggio era duro, con la slitta postale che li trascinava dietro.
Turen var hard, med postsleden som slepte etter dem.
Carichi pesanti e lavoro duro sfinivano i cani ogni lunga giornata.
Tunge lass og hardt arbeid slet ut hundene hver lange dag.
Arrivarono a Dawson magro, stanco e con bisogno di più di una settimana di riposo.
De ankom Dawson tynne, slitne og trengte over en ukes hvile.
Ma solo due giorni dopo ripartirono per lo Yukon.

Men bare to dager senere la de ut nedover Yukon igjen.
Erano carichi di altre lettere dirette al mondo esterno.
De var lastet med flere brev på vei til omverdenen.
I cani erano esausti e gli uomini si lamentavano in continuazione.
Hundene var utslitte, og mennene klaget konstant.
Ogni giorno cadeva la neve, ammorbidendo il sentiero e rallentando le slitte.
Snøen falt hver dag, noe som myknet opp stien og bremset sledene.
Ciò rendeva la trazione più dura e aumentava la resistenza delle guide.
Dette førte til hardere drag og mer luftmotstand for løperne.
Nonostante ciò, i piloti si sono dimostrati leali e hanno avuto cura delle loro squadre.
Til tross for det var sjåførene rettferdige og brydde seg om lagene sine.
Ogni notte, i cani venivano nutriti prima che gli uomini mangiassero.
Hver kveld ble hundene matet før mennene fikk spise.
Nessun uomo dormiva prima di controllare le zampe del proprio cane.
Ingen mann sov før han sjekket føttene til sin egen hund.
Tuttavia, i cani diventavano sempre più deboli man mano che i chilometri consumavano i loro corpi.
Likevel ble hundene svakere etter hvert som kilometerne gikk på kroppen.
Avevano viaggiato per milleottocento miglia durante l'inverno.
De hadde reist atten hundre mil gjennom vinteren.
Percorrevano ogni miglio di quella distanza brutale trainando le slitte.
De dro sleder over hver kilometer av den brutale distansen.
Anche i cani da slitta più resistenti provano tensione dopo tanti chilometri.
Selv de tøffeste sledehundene føler belastning etter så mange kilometer.

Buck tenne duro, fece sì che la sua squadra lavorasse e mantenne la disciplina.
Buck holdt ut, holdt laget sitt i gang og opprettholdt disiplinen.
Ma Buck era stanco, proprio come gli altri durante il lungo viaggio.
Men Buck var sliten, akkurat som de andre på den lange reisen.
Billee piagnucolava e piangeva nel sonno ogni notte, senza sosta.
Billee klynket og gråt i søvne hver natt uten å feile.
Joe diventò ancora più amareggiato e Solleks rimase freddo e distante.
Joe ble enda mer bitter, og Solleks forble kald og distansert.
Ma è stato Dave a soffrire di più di tutta la squadra.
Men det var Dave som led verst av hele laget.
Qualcosa dentro di lui era andato storto, anche se nessuno sapeva cosa.
Noe hadde gått galt inni ham, selv om ingen visste hva.
Divenne più lunatico e aggredì gli altri con rabbia crescente.
Han ble mer humørsyk og glefset til andre med økende sinne.
Ogni notte andava dritto al suo nido, in attesa di essere nutrito.
Hver natt gikk han rett til reiret sitt og ventet på å bli matet.
Una volta a terra, Dave non si alzò più fino al mattino.
Da han først var nede, sto ikke Dave opp igjen før om morgenen.
Sulle redini, gli improvvisi strattoni o sussulti lo facevano gridare di dolore.
På tøylene fikk plutselige rykk eller rykk ham til å gråte av smerte.
L'autista ha cercato di capirne la causa, ma non ha trovato ferite.
Sjåføren hans lette etter årsaken, men fant ingen skader på ham.
Tutti gli autisti cominciarono a osservare Dave e a discutere del suo caso.

Alle sjåførene begynte å se på Dave og diskuterte saken hans.
Parlarono durante i pasti e durante l'ultima sigaretta della giornata.
De snakket sammen under måltidene og under dagens siste røyk.
Una notte tennero una riunione e portarono Dave al fuoco.
En kveld holdt de et møte og tok Dave med til bålet.
Gli premevano e palpavano il corpo e lui gridava spesso.
De presset og undersøkte kroppen hans, og han gråt ofte.
Era evidente che qualcosa non andava, anche se non sembrava esserci nessuna frattura.
Det var tydelig at noe var galt, selv om ingen bein så ut til å være brukket.
Quando arrivarono al Cassiar Bar, Dave stava cadendo.
Da de kom til Cassiar Bar, holdt Dave på å falle om.
Il meticcio scozzese impose uno stop e rimosse Dave dalla squadra.
Den skotske halvblodsrasen ga stopp og fjernet Dave fra laget.
Fissò Solleks al posto di Dave, il più vicino possibile alla parte anteriore della slitta.
Han festet Sollekene på Daves plass, nærmest sledens forside.
Voleva lasciare che Dave riposasse e corresse libero dietro la slitta in movimento.
Han mente å la Dave hvile og løpe fritt bak den bevegelige sleden.
Ma nonostante la malattia, Dave odiava che gli venisse tolto il lavoro che aveva ricoperto.
Men selv om han var syk, hatet Dave å bli tatt fra jobben han hadde hatt.
Ringhiò e piagnucolò quando gli strapparono le redini dal corpo.
Han knurret og klynket idet tøylene ble trukket fra kroppen hans.
Quando vide Solleks al suo posto, pianse disperato.
Da han så Solleks på sin plass, gråt han av knust hjerte.
L'orgoglio per il lavoro sui sentieri era profondo in Dave, anche quando la morte si avvicinava.

Stoltheten over stiarbeidet satt dypt i Dave, selv da døden nærmet seg.

Mentre la slitta si muoveva, Dave arrancava nella neve soffice vicino al sentiero.

Mens sleden beveget seg, famlet Dave gjennom myk snø nær stien.

Attaccò Solleks, mordendolo e spingendolo giù dal lato della slitta.

Han angrep Solleks, bet og dyttet ham fra siden av sleden.

Dave cercò di saltare nell'imbracatura e di riprendersi il suo posto di lavoro.

Dave prøvde å hoppe inn i selen og gjenerobre arbeidsplassen sin.

Lui guaiva, si lamentava e piangeva, diviso tra il dolore e l'orgoglio del parto.

Han hylte, klynket og gråt, revet mellom smerte og stolthet over arbeidet.

Il meticcio usò la frusta per cercare di allontanare Dave dalla squadra.

Halvrasen brukte pisken sin til å prøve å drive Dave vekk fra laget.

Ma Dave ignorò la frustata e l'uomo non riuscì a colpirlo più forte.

Men Dave ignorerte piskingen, og mannen kunne ikke slå ham hardere.

Dave rifiutò il sentiero più facile dietro la slitta, dove la neve era compatta.

Dave nektet å ta den enklere stien bak sleden, der snøen var pakket sammen.

Invece, si ritrovò a lottare nella neve profonda, ai lati del sentiero, in preda alla miseria.

I stedet slet han i den dype snøen ved siden av stien, i elendighet.

Alla fine Dave crollò, giacendo sulla neve e urlando di dolore.

Til slutt kollapset Dave, liggende i snøen og ulte av smerte.

Lanciò un grido mentre la lunga fila di slitte gli passava accanto una dopo l'altra.
Han ropte ut idet det lange toget med sleder passerte ham én etter én.
Tuttavia, con le poche forze che gli rimanevano, si alzò e barcollò dietro di loro.
Likevel, med den styrke han hadde igjen, reiste han seg og snublet etter dem.
Quando il treno si fermò di nuovo, lo raggiunse e trovò la sua vecchia slitta.
Han tok igjen da toget stoppet igjen og fant den gamle sleden sin.
Superò con difficoltà le altre squadre e tornò a posizionarsi accanto a Solleks.
Han famlet forbi de andre lagene og stilte seg ved siden av Solleks igjen.
Mentre l'autista si fermava per accendere la pipa, Dave colse l'ultima occasione.
Idet sjåføren stoppet for å tenne pipa si, tok Dave sin siste sjanse.
Quando l'autista tornò e urlò, la squadra non avanzò.
Da sjåføren kom tilbake og ropte, beveget ikke teamet seg fremover.
I cani avevano girato la testa, confusi dall'improvviso arresto.
Hundene hadde snudd hodene, forvirret av den plutselige stansen.
Anche il conducente era sciaccato: la slitta non si era mossa di un centimetro in avanti.
Sjåføren ble også sjokkert – sleden hadde ikke beveget seg en tomme fremover.
Chiamò gli altri perché venissero a vedere cosa era successo.
Han ropte til de andre at de skulle komme og se hva som hadde skjedd.
Dave aveva masticato le redini di Solleks, spezzandole entrambe.

Dave hadde tygget seg gjennom Solleks' tøyler og brukket begge fra hverandre.

Ora era di nuovo in piedi davanti alla slitta, nella sua giusta posizione.

Nå sto han foran sleden, tilbake i sin rettmessige posisjon.

Dave alzò lo sguardo verso l'autista, implorandolo silenziosamente di restare al passo.

Dave så opp på sjåføren og tryglet i stillhet om å få holde seg i sporene.

L'autista era perplesso e non sapeva cosa fare per il cane in difficoltà.

Sjåføren var forvirret og usikker på hva han skulle gjøre med den sliterende hunden.

Gli altri uomini parlavano di cani morti perché li avevano portati fuori.

De andre mennene snakket om hunder som hadde dødd av å bli tatt ut.

Raccontavano di cani vecchi o feriti il cui cuore si era spezzato quando erano stati abbandonati.

De fortalte om gamle eller skadde hunder som fikk hjertene sine knust når de ble etterlatt.

Concordarono che era un atto di misericordia lasciare che Dave morisse mentre era ancora imbrigliato.

De var enige om at det var barmhjertighet å la Dave dø mens han fortsatt var i selen sin.

Fu rimesso in sicurezza sulla slitta e Dave tirò con orgoglio.

Han ble festet tilbake på sleden, og Dave dro med stolthet.

Anche se a volte gridava, lavorava come se il dolore potesse essere ignorato.

Selv om han ropte til tider, jobbet han som om smerte kunne ignoreres.

Più di una volta cadde e fu trascinato prima di rialzarsi.

Mer enn én gang falt han og ble dratt med seg før han reiste seg igjen.

A un certo punto la slitta gli rotolò addosso e da quel momento in poi zoppicò.

En gang rullet sleden over ham, og han haltet fra det
øyeblikket av.
**Nonostante ciò, lavorò finché non raggiunse l'accampamento
e poi si sdraiò accanto al fuoco.**
Likevel jobbet han til han nådde leiren, og deretter lå han ved
bålet.
**Al mattino Dave era troppo debole per muoversi o anche
solo per stare in piedi.**
Om morgenen var Dave for svak til å reise eller til og med stå
oppreist.
**Al momento di allacciare l'imbracatura, cercò di raggiungere
il suo autista con sforzi tremanti.**
Da det var tid for å spene fast bilen, prøvde han med
skjelvende anstrengelse å nå frem til sjåføren.
Si sforzò di rialzarsi, barcollò e crollò sul terreno innevato.
Han tvang seg opp, sjanglet og kollapset ned på den snødekte
bakken.
**Utilizzando le zampe anteriori, trascinò il suo corpo verso la
zona dell'imbracatura.**
Ved hjelp av forbeina dro han kroppen sin mot seleområdet.
**Si fece avanti, centimetro dopo centimetro, verso i cani da
lavoro.**
Han hvilte seg fremover, tomme for tomme, mot
arbeidshundene.
**Le forze gli cedettero, ma continuò a muoversi nel suo
ultimo disperato tentativo.**
Kreftene hans sviktet, men han fortsatte i sitt siste desperate
fremstøt.
**I suoi compagni di squadra lo videro ansimare nella neve,
ancora desideroso di unirsi a loro.**
Lagkameratene hans så ham gispe i snøen, fortsatt lengtende
etter å bli med dem.
**Lo sentirono urlare di dolore mentre si lasciavano alle spalle
l'accampamento.**
De hørte ham hyle av sorg idet de forlot leiren.
**Mentre la squadra svaniva tra gli alberi, il grido di Dave
risuonava dietro di loro.**

Idet teamet forsvant inn i trærne, ekkoet Daves rop bak dem.

Il treno delle slitte si fermò brevemente dopo aver attraversato un tratto di fiume ricco di boschi.

Sledetoget stoppet kort etter å ha krysset en strekning med elvetømmer.

Il meticcio scozzese tornò lentamente verso l'accampamento alle sue spalle.

Den skotske halvblodshunden gikk sakte tilbake mot leiren bak.

Gli uomini smisero di parlare quando lo videro scendere dal treno delle slitte.

Mennene sluttet å snakke da de så ham forlate sledetoget.

Poi un singolo colpo di pistola risuonò chiaro e netto attraverso il sentiero.

Så runget et enkelt skudd klart og skarpt over stien.

L'uomo tornò rapidamente e prese il suo posto senza dire una parola.

Mannen kom raskt tilbake og tok plassen sin uten et ord.

Le fruste schioccavano, i campanelli tintinnavano e le slitte avanzavano sulla neve.

Pisker knaket, bjeller klang, og sledene rullet videre gjennom snøen.

Ma Buck sapeva cosa era successo, come tutti gli altri cani.

Men Buck visste hva som hadde skjedd – og det gjorde alle andre hunder også.

La fatica delle redini e del sentiero
Tøylenes og sporets slit

Trenta giorni dopo aver lasciato Dawson, la Salt Water Mail raggiunse Skaguay.
Tretti dager etter at de forlot Dawson, nådde Salt Water Mail Skaguay.
Buck e i suoi compagni di squadra presero il comando e arrivarono in condizioni pietose.
Buck og lagkameratene hans tok ledelsen og ankom i ynkelig forfatning.
Buck era sceso da 140 a 150 chili.
Buck hadde gått ned fra hundre og førti til hundre og femten pund.
Gli altri cani, sebbene più piccoli, avevano perso ancora più peso corporeo.
De andre hundene, selv om de var mindre, hadde mistet enda mer kroppsvekt.
Pike, che una volta zoppicava fingendo, ora trascinava dietro di sé una gamba veramente ferita.
Pike, en gang en falsk halter, dro nå et virkelig skadet bein etter seg.
Solleks zoppicava gravemente e Dub aveva una scapola slogata.
Solleks haltet stygt, og Dub hadde et vridd skulderblad.
Tutti i cani del team avevano i piedi doloranti a causa delle settimane trascorse sul sentiero ghiacciato.
Alle hundene i spannet hadde vondt i føttene etter flere uker på den frosne stien.
Non avevano più slancio nei loro passi, solo un movimento lento e trascinato.
De hadde ingen fjærhet igjen i skrittene sine, bare langsom, slepende bevegelse.
I loro piedi colpivano il sentiero con forza e ogni passo aggiungeva ulteriore sforzo al loro corpo.
Føttene deres traff stien hardt, og hvert skritt belastet kroppen mer.

Non erano malati, erano solo stremati oltre ogni possibile guarigione naturale.
De var ikke syke, bare uttømte til det uunngåelige.
Non si trattava della stanchezza di una giornata faticosa, curata con una notte di riposo.
Dette var ikke tretthet etter én hard dag, kurert med en natts søvn.
Era una stanchezza accumulata lentamente attraverso mesi di sforzi estenuanti.
Det var utmattelse som sakte bygget seg opp gjennom måneder med knallhard innsats.
Non era rimasta alcuna riserva di forze: avevano esaurito ogni energia a loro disposizione.
Ingen reservestyrke var igjen – de hadde brukt opp alt de hadde.
Ogni muscolo, fibra e cellula del loro corpo era consumato e usurato.
Hver muskel, fiber og celle i kroppene deres var utslitt og utslitt.
E c'era un motivo: avevano percorso duemilacinquecento miglia.
Og det var en grunn – de hadde tilbakelagt tjuefem hundre mil.
Si erano riposati solo cinque giorni durante le ultime milleottocento miglia.
De hadde bare hvilt i fem dager i løpet av de siste atten hundre milene.
Quando giunsero a Skaguay, sembrava che riuscissero a malapena a stare in piedi.
Da de nådde Skaguay, så det ut til at de knapt kunne stå oppreist.
Facevano fatica a tenere le redini strette e a restare davanti alla slitta.
De slet med å holde tøylene stramme og holde seg foran sleden.
Nei pendii in discesa riuscivano solo a evitare di essere investiti.

I nedoverbakker klarte de bare å unngå å bli påkjørt.
"Continuate a marciare, poveri piedi doloranti", disse l'autista mentre zoppicavano.
«Marsjér videre, stakkars såre føtter», sa sjåføren mens de haltet avgårde.
"Questo è l'ultimo tratto, poi ci prenderemo tutti un lungo riposo, di sicuro."
«Dette er den siste strekningen, så får vi alle én lang hvile, helt sikkert.»
"Un riposo davvero lungo", promise, guardandoli barcollare in avanti.
«Én skikkelig lang hvil», lovet han, mens han så dem sjangle fremover.
Gli autisti si aspettavano una lunga e necessaria pausa.
Sjåførene forventet at de nå skulle få en lang, tiltrengt pause.
Avevano percorso milleduecento miglia con solo due giorni di riposo.
De hadde tilbakelagt tolv hundre mil med bare to dagers hvile.
Per correttezza e ragione, ritenevano di essersi guadagnati un po' di tempo per rilassarsi.
Av rettferdighet og fornuft følte de at de hadde fortjent tid til å slappe av.
Ma troppi erano giunti nel Klondike e troppo pochi erano rimasti a casa.
Men for mange hadde kommet til Klondike, og for få hadde blitt hjemme.
Le lettere delle famiglie continuavano ad arrivare, creando pile di posta in ritardo.
Brev fra familier strømmet inn, og skapte bunker med forsinket post.
Arrivarono gli ordini ufficiali: i nuovi cani della Hudson Bay avrebbero preso il sopravvento.
Offisielle ordrer kom – nye hunder fra Hudson Bay skulle ta over.
I cani esausti, ormai considerati inutili, dovevano essere eliminati.

De utmattede hundene, nå kalt verdiløse, skulle kvittes med.
Poiché i soldi erano più importanti dei cani, venivano venduti a basso prezzo.
Siden penger betydde mer enn hunder, skulle de selges billig.
Passarono altri tre giorni prima che i cani si accorgessero di quanto fossero deboli.
Tre dager til gikk før hundene kjente hvor svake de var.
La quarta mattina, due uomini provenienti dagli Stati Uniti acquistarono l'intera squadra.
Den fjerde morgenen kjøpte to menn fra Statene hele laget.
La vendita comprendeva tutti i cani e le loro imbracature usate.
Salget inkluderte alle hundene, pluss det brukte seleutstyret deres.
Mentre concludevano l'affare, gli uomini si chiamavano tra loro "Hal" e "Charles".
Mennene kalte hverandre «Hal» og «Charles» mens de fullførte avtalen.
Charles era un uomo di mezza età, pallido, con labbra molli e folti baffi.
Charles var middelaldrende, blek, med slappe lepper og hissige barttupper.
Hal era un giovane, forse diciannove anni, che indossava una cintura imbottita di cartucce.
Hal var en ung mann, kanskje nitten, som hadde på seg et belte fylt med patroner.
Nella cintura erano contenuti un grosso revolver e un coltello da caccia, entrambi inutilizzati.
Beltet inneholdt en stor revolver og en jaktkniv, begge ubrukte.
Dimostrava quanto fosse inesperto e inadatto alla vita nel Nord.
Det viste hvor uerfaren og uskikket han var for livet i nord.
Nessuno dei due uomini viveva in natura; la loro presenza sfidava ogni ragionevolezza.
Ingen av mennene hørte hjemme i villmarken; deres tilstedeværelse trosset all fornuft.

Buck osservava lo scambio di denaro tra l'acquirente e l'agente.
Buck så på mens penger utvekslet hender mellom kjøper og megler.
Sapeva che i conducenti dei treni postali stavano abbandonando la sua vita come tutti gli altri.
Han visste at posttogførerne forlot livet hans som alle andre.
Seguirono Perrault e François, ormai scomparsi.
De fulgte Perrault og François, som nå var ubrukelige å huske.
Buck e la squadra vennero condotti al disordinato accampamento dei loro nuovi proprietari.
Buck og teamet ble ført til sine nye eiers slurvete leir.
La tenda cedeva, i piatti erano sporchi e tutto era in disordine.
Teltet hang, oppvasken var skitten, og alt lå i uorden.
Anche Buck notò una donna lì: Mercedes, moglie di Charles e sorella di Hal.
Buck la også merke til en kvinne der – Mercedes, Charles' kone og Hals søster.
Formavano una famiglia completa, anche se erano tutt'altro che adatti al sentiero.
De utgjorde en komplett familie, men langt fra egnet til løypa.
Buck osservava nervosamente mentre il trio iniziava a impacchettare le provviste.
Buck så nervøst på mens trioen begynte å pakke utstyret.
Lavoravano duro ma senza ordine, solo confusione e sforzi sprecati.
De jobbet hardt, men uten orden – bare styr og bortkastet innsats.
La tenda era arrotolata fino a formare una sagoma ingombrante, decisamente troppo grande per la slitta.
Teltet var rullet sammen til en klumpete form, altfor stor for sleden.
I piatti sporchi venivano imballati senza essere stati né lavati né asciugati.
Skitten oppvask ble pakket uten å bli rengjort eller tørket i det hele tatt.

Mercedes svolazzava in giro, parlando, correggendo e intromettendosi in continuazione.

Mercedes flagret rundt, snakket, korrigerte og blandet seg stadig vekk.

Quando le misero un sacco davanti, lei insistette perché lo mettesse dietro.

Da en sekk ble plassert foran, insisterte hun på at den skulle legges på baksiden.

Mise il sacco in fondo e un attimo dopo ne ebbe bisogno.

Hun pakket sekken i bunnen, og i neste øyeblikk trengte hun den.

Quindi la slitta venne disimballata di nuovo per raggiungere quella specifica borsa.

Så ble sleden pakket ut igjen for å nå den ene spesifikke sekken.

Lì vicino, tre uomini stavano fuori da una tenda e osservavano la scena che si svolgeva.

I nærheten sto tre menn utenfor et telt og så på hendelsen som utspilte seg.

Sorrisero, ammiccarono e sogghignarono di fronte all'evidente confusione dei nuovi arrivati.

De smilte, blunket og gliste av nykommernes åpenbare forvirring.

"Hai già un carico parecchio pesante", disse uno degli uomini.

«Du har allerede en skikkelig tung last», sa en av mennene.

"Non credo che dovresti portare quella tenda, ma la scelta è tua."

«Jeg synes ikke du bør bære det teltet, men det er ditt valg.»

"Impensabile!" esclamò Mercedes, alzando le mani in segno di disperazione.

«Uansett!» ropte Mercedes og slo hendene i været i fortvilelse.

"Come potrei viaggiare senza una tenda sotto cui dormire?"

«Hvordan skulle jeg i det hele tatt kunne reise uten et telt å overnatte i?»

«È primavera, non vedrai più il freddo», rispose l'uomo.

«Det er vår – du kommer ikke til å se kaldt vær igjen», svarte mannen.

Ma lei scosse la testa e loro continuarono ad accumulare oggetti sulla slitta.

Men hun ristet på hodet, og de fortsatte å stable gjenstander oppå sleden.

Il carico era pericolosamente alto mentre aggiungevano gli ultimi oggetti.

Lasten tårnet seg faretruende høyt da de la til de siste tingene.

"Pensi che la slitta andrà avanti?" chiese uno degli uomini con aria scettica.

«Tror du sleden vil kjøre?» spurte en av mennene med et skeptisk blikk.

"E perché non dovrebbe?" ribatté Charles con netto fastidio.

«Hvorfor skulle det ikke?» glefset Charles tilbake med skarp irritasjon.

"Oh, va bene", disse rapidamente l'uomo, evitando di offendersi.

«Å, det er greit», sa mannen raskt, og trakk seg unna fornærmelsen.

"Mi chiedevo solo: mi sembrava un po' troppo pesante nella parte superiore."

«Jeg bare lurte – den så bare litt for tung ut på toppen.»

Charles si voltò e legò il carico meglio che poté.

Charles snudde seg bort og bandt fast lasten så godt han kunne.

Ma le legature erano allentate e l'imballaggio nel complesso era fatto male.

Men surringene var løse og pakkingen dårlig utført generelt.

"Certo, i cani tireranno così tutto il giorno", disse sarcasticamente un altro uomo.

«Jada, hundene kommer til å trekke med den hele dagen», sa en annen mann sarkastisk.

«Certamente», rispose Hal freddamente, afferrando il lungo timone della slitta.

«Selvfølgelig», svarte Hal kaldt og grep tak i den lange gee-stangen på sleden.

Tenendo una mano sul palo, faceva roteare la frusta nell'altra.

Med den ene hånden på stangen svingte han pisken i den andre.

"Andiamo!" urlò. "Muovetevi!", incitando i cani a partire.

«La oss gå!» ropte han. «Flytt på!» og oppfordret hundene til å sette i gang.

I cani si appoggiarono all'imbracatura e si sforzarono per qualche istante.

Hundene lente seg inn i selen og anstrengte seg i noen øyeblikk.

Poi si fermarono, incapaci di spostare di un centimetro la slitta sovraccarica.

Så stoppet de, ute av stand til å rikke den overlastede sleden en tomme.

"Quei fannulloni!" urlò Hal, alzando la frusta per colpirli.

«De late beistene!» ropte Hal og løftet pisken for å slå dem.

Ma Mercedes si precipitò dentro e strappò la frusta dalle mani di Hal.

Men Mercedes stormet inn og grep pisken fra Hals hender.

«Oh, Hal, non osare far loro del male», gridò allarmata.

«Å, Hal, ikke våg å skade dem!» ropte hun forferdet.

"Promettimi che sarai gentile con loro, altrimenti non farò un altro passo."

«Lov meg at du skal være snill mot dem, ellers går jeg ikke et skritt til.»

"Non sai niente di cani", scattò Hal contro la sorella.

«Du aner ikke en dæsj om hunder», glefset Hal til søsteren sin.

"Sono pigri e l'unico modo per smuoverli è frustarli."

«De er late, og den eneste måten å flytte dem på er å piske dem.»

"Chiedi a chiunque, chiedi a uno di quegli uomini laggiù se dubiti di me."

«Spør hvem som helst – spør en av de mennene der borte hvis du tviler på meg.»

Mercedes guardò gli astanti con occhi imploranti e pieni di lacrime.

Mercedes så på tilskuerne med bedende, tårevåte øyne.
Il suo viso rivelava quanto odiasse la vista di qualsiasi dolore.
Ansiktet hennes viste hvor dypt hun hatet synet av smerte.
"Sono deboli, tutto qui", ha detto un uomo. "Sono sfiniti."
«De er svake, det er alt», sa en mann. «De er utslitte.»
"**Hanno bisogno di riposare: hanno lavorato troppo a lungo senza una pausa.**"
«De trenger hvile – de har jobbet for lenge uten pause.»
«**Che il resto sia maledetto**», borbottò Hal arricciando il labbro.
«Forbannet være resten», mumlet Hal med krøllet leppe.
Mercedes sussultò, visibilmente addolorata per le parole volgari pronunciate da lui.
Mercedes gispet, tydelig plaget av de grove ordene fra ham.
Ciononostante, lei rimase leale e difese immediatamente il fratello.
Likevel forble hun lojal og forsvarte broren sin umiddelbart.
"**Non badare a quell'uomo**", disse ad Hal. "**Sono i nostri cani.**"
«Ikke bry deg om den mannen», sa hun til Hal. «De er hundene våre.»
"**Li guidi come meglio credi: fai ciò che ritieni giusto.**"
«Du kjører dem slik du synes passer – gjør det du synes er riktig.»
Hal sollevò la frusta e colpì di nuovo i cani senza pietà.
Hal hevet pisken og slo hundene igjen uten nåde.
Si lanciarono in avanti, con i corpi bassi e i piedi che affondavano nella neve.
De kastet seg fremover, med kroppene lavt nede og føttene presset ned i snøen.
Tutta la loro forza era concentrata nel traino, ma la slitta non si muoveva.
All deres styrke gikk med til å trekke, men sleden beveget seg ikke.
La slitta rimase bloccata, come un'ancora congelata nella neve compatta.

Kjelken ble stående fast, som et anker som var frosset fast i den pakkete snøen.

Dopo un secondo tentativo, i cani si fermarono di nuovo, ansimando forte.

Etter et nytt forsøk stoppet hundene igjen, pesende kraftig.

Hal sollevò di nuovo la frusta, proprio mentre Mercedes interferiva di nuovo.

Hal hevet pisken nok en gang, akkurat idet Mercedes blandet seg inn igjen.

Si lasciò cadere in ginocchio davanti a Buck e gli abbracciò il collo.

Hun falt ned på kne foran Buck og klemte halsen hans.

Le lacrime le riempivano gli occhi mentre implorava il cane esausto.

Tårer fylte øynene hennes mens hun tryglet den utmattede hunden.

"Poveri cari", disse, "perché non tirate più forte?"

«Stakkars kjære,» sa hun, «hvorfor drar dere ikke bare hardere?»

"Se tiri, non verrai frustato così."

«Hvis du drar, så slipper du å bli pisket slik.»

A Buck non piaceva Mercedes, ma ormai era troppo stanco per resisterle.

Buck mislikte Mercedes, men han var for sliten til å motstå henne nå.

Lui accettò le sue lacrime come se fossero solo un'altra parte di quella giornata miserabile.

Han aksepterte tårene hennes som bare enda en del av den elendige dagen.

Uno degli uomini che osservavano, dopo aver represso la rabbia, finalmente parlò.

En av mennene som så på, snakket endelig etter å ha holdt sinnet tilbake.

"Non mi interessa cosa succede a voi, ma quei cani sono importanti."

«Jeg bryr meg ikke om hva som skjer med dere, men hundene betyr noe.»

"Se vuoi aiutare, stacca quella slitta: è ghiacciata e innevata."
«Hvis du vil hjelpe til, så løsne den sleden – den er frosset fast i snøen.»
"Spingi con forza il palo della luce, a destra e a sinistra, e rompi il sigillo di ghiaccio."
«Trykk hardt på stangen, til høyre og venstre, og bryt isforseglingen.»
Fu fatto un terzo tentativo, questa volta seguendo il suggerimento dell'uomo.
Et tredje forsøk ble gjort, denne gangen etter mannens forslag.
Hal fece oscillare la slitta da una parte all'altra, facendo staccare i pattini.
Hal gynget sleden fra side til side, slik at mederne løsnet.
La slitta, benché sovraccarica e scomoda, alla fine sobbalzò in avanti.
Sleden, selv om den var overlastet og klossete, svingte endelig fremover.
Buck e gli altri tirarono selvaggiamente, spinti da una tempesta di frustate.
Buck og de andre dro vilt, drevet av en storm av nappesleng.
Un centinaio di metri più avanti, il sentiero curvava e scendeva in pendenza verso la strada.
Hundre meter foran svingte stien og skrånet ut i gaten.
Ci sarebbe voluto un guidatore esperto per tenere la slitta in posizione verticale.
Det ville ha krevd en dyktig fører for å holde sleden oppreist.
Hal non era abile e la slitta si ribaltò mentre svoltava.
Hal var ikke dyktig, og sleden tippet da den svingte rundt svingen.
Le cinghie allentate cedettero e metà del carico si rovesciò sulla neve.
Løse surringer ga etter, og halve lasten rant utover snøen.
I cani non si fermarono; la slitta più leggera continuò a procedere su un fianco.
Hundene stoppet ikke; den lettere sleden fløy avgårde på siden.

I cani, furiosi per i maltrattamenti e per il peso del carico, corsero più veloci.
Sinte etter mishandling og den tunge byrden, løp hundene fortere.
Buck, infuriato, si lanciò a correre, seguito dalla squadra.
Buck, i raseri, begynte å løpe, med spannet i hælene.
Hal urlò "Whoa! Whoa!" ma la squadra non gli prestò attenzione.
Hal ropte «Whoa! Whoa!» men teamet brydde seg ikke om ham.
Inciampò, cadde e fu trascinato a terra dall'imbracatura.
Han snublet, falt og ble dratt langs bakken etter selen.
La slitta rovesciata lo travolse mentre i cani continuavano a correre avanti.
Den veltede sleden dunket over ham mens hundene løp videre.
Il resto delle provviste è sparso lungo la trafficata strada di Skaguay.
Resten av forsyningene lå spredt over Skaguays travle gate.
Le persone di buon cuore si precipitarono a fermare i cani e a raccogliere l'attrezzatura.
Snille mennesker skyndte seg for å stoppe hundene og samle utstyret.
Diedero anche consigli schietti e pratici ai nuovi viaggiatori.
De ga også råd, direkte og praktiske, til de nye reisende.
"Se vuoi raggiungere Dawson, prendi metà del carico e raddoppia i cani."
«Hvis du vil nå Dawson, ta halvparten av lasten og doble hundene.»
Hal, Charles e Mercedes ascoltarono, anche se non con entusiasmo.
Hal, Charles og Mercedes lyttet, men ikke med entusiasme.
Montarono la tenda e cominciarono a sistemare le loro provviste.
De slo opp teltet sitt og begynte å sortere utstyret sitt.
Ne uscirono dei cibi in scatola, che fecero ridere a crepapelle gli astanti.

Ut kom hermetikkvarer, noe som fikk tilskuerne til å le høyt.
"Roba in scatola sul sentiero? Morirai di fame prima che si sciolga", disse uno.
«Hermetiske ting på stien? Du kommer til å sulte før det smelter», sa en av dem.
"Coperte d'albergo? Meglio buttarle via tutte."
«Hotelltepper? Det er bedre å kaste dem alle ut.»
"Togli anche la tenda e qui nessuno laverà più i piatti."
«Kast teltet også, så vasker ingen opp her.»
"Pensi di viaggiare su un treno Pullman con dei servitori a bordo?"
«Tror du at du kjører Pullman-tog med tjenere om bord?»
Il processo ebbe inizio: ogni oggetto inutile venne gettato da parte.
Prosessen begynte – alle ubrukelige gjenstander ble kastet til side.
Mercedes pianse quando le sue borse furono svuotate sul terreno innevato.
Mercedes gråt da bagasjen hennes ble tømt ut på den snødekte bakken.
Singhiozzava per ogni oggetto buttato via, uno per uno, senza sosta.
Hun hulket over hver gjenstand som ble kastet ut, én etter én, uten pause.
Giurò di non fare un altro passo, nemmeno per dieci Charles.
Hun sverget på å ikke gå et skritt til – ikke engang for ti karle.
Pregò ogni persona vicina di lasciarle conservare le sue cose preziose.
Hun tryglet alle i nærheten om å la henne beholde de dyrebare tingene sine.
Alla fine si asciugò gli occhi e cominciò a gettare via anche i vestiti più importanti.
Til slutt tørket hun øynene og begynte å kaste selv de viktigste klærne.
Una volta terminato il suo, cominciò a svuotare le scorte degli uomini.

Da hun var ferdig med sine egne, begynte hun å tømme mennenes forsyninger.

Come un turbine, fece a pezzi gli effetti personali di Charles e Hal.

Som en virvelvind rev hun seg gjennom Charles og Hals eiendeler.

Sebbene il carico fosse dimezzato, era comunque molto più pesante del necessario.

Selv om lasten ble halvert, var den fortsatt langt tyngre enn nødvendig.

Quella notte, Charles e Hal uscirono e comprarono sei nuovi cani.

Den kvelden dro Charles og Hal ut og kjøpte seks nye hunder.

Questi nuovi cani si unirono ai sei originali, più Teek e Koona.

Disse nye hundene ble med i de opprinnelige seks, pluss Teek og Koona.

Insieme formarono una squadra di quattordici cani attaccati alla slitta.

Sammen utgjorde de et spann på fjorten hunder spent for sleden.

Ma i nuovi cani erano inadatti e poco addestrati per il lavoro con la slitta.

Men de nye hundene var uskikket og dårlig trent for sledearbeid.

Tre dei cani erano cani da caccia a pelo corto, mentre uno era un Terranova.

Tre av hundene var korthårede pointerer, og én var en newfoundlander.

Gli ultimi due cani erano meticci senza alcuna razza o scopo ben definito.

De to siste hundene var muttar utan klar rase eller formål i det heile tatt.

Non capivano il percorso e non lo imparavano in fretta.

De forsto ikke løypa, og de lærte den ikke raskt.

Buck e i suoi compagni li osservavano con disprezzo e profonda irritazione.

Buck og kameratene hans så på dem med hån og dyp irritasjon.

Sebbene Buck insegnasse loro cosa non fare, non poteva insegnare loro il dovere.

Selv om Buck lærte dem hva de ikke skulle gjøre, kunne han ikke lære dem plikt.

Non amavano la vita sui sentieri né la trazione delle redini e delle slitte.

De tålte ikke livet på løypa eller tøyler og sleder.

Soltanto i bastardi cercarono di adattarsi, e anche a loro mancava lo spirito combattivo.

Bare blandingsdyrene prøvde å tilpasse seg, og selv de manglet kampånd.

Gli altri cani erano confusi, indeboliti e distrutti dalla loro nuova vita.

De andre hundene var forvirrede, svekkede og knuste av sitt nye liv.

Con i nuovi cani all'oscuro e i vecchi esausti, la speranza era flebile.

Med de nye hundene uvitende og de gamle utslitte, var håpet lite.

La squadra di Buck aveva percorso duemilacinquecento miglia di sentiero accidentato.

Bucks team hadde tilbakelagt 2500 mil med ulendt sti.

Ciononostante, i due uomini erano allegri e orgogliosi della loro grande squadra di cani.

Likevel var de to mennene blide og stolte av sitt store hundespann.

Pensavano di viaggiare con stile, con quattordici cani al seguito.

De trodde de reiste med stil, med fjorten hunder spent.

Avevano visto delle slitte partire per Dawson e altre arrivarne.

De hadde sett sleder dra til Dawson, og andre ankomme derfra.

Ma non ne avevano mai vista una trainata da ben quattordici cani.

Men aldri hadde de sett en trukket av så mange som fjorten hunder.

C'era un motivo per cui squadre del genere erano rare nelle terre selvagge dell'Artico.

Det var en grunn til at slike lag var sjeldne i den arktiske villmarken.

Nessuna slitta poteva trasportare cibo sufficiente a sfamare quattordici cani per l'intero viaggio.

Ingen slede kunne frakte nok mat til å fø fjorten hunder på turen.

Ma Charles e Hal non lo sapevano: avevano fatto i calcoli.

Men Charles og Hal visste ikke det – de hadde gjort regnestykket.

Hanno pianificato la razione di cibo: una certa quantità per cane, per un certo numero di giorni, fatta.

De skrev ned maten med blyant: så mye per hund, så mange dager, ferdig.

Mercedes guardò i numeri e annuì come se avessero senso.

Mercedes så på tallene deres og nikket som om det ga mening.

Tutto le sembrava molto semplice, almeno sulla carta.

Alt virket veldig enkelt for henne, i hvert fall på papiret.

La mattina seguente, Buck guidò lentamente la squadra lungo la strada innevata.

Neste morgen ledet Buck teamet sakte opp den snødekte gaten.

Non c'era né energia né spirito in lui e nei cani dietro di lui.

Det var verken energi eller mot i ham eller hundene bak ham.

Erano stanchi morti fin dall'inizio: non avevano più riserve.

De var dødsslite fra starten av – det var ingen reserve igjen.

Buck aveva già fatto quattro viaggi tra Salt Water e Dawson.

Buck hadde allerede reist fire ganger mellom Salt Water og Dawson.

Ora, di fronte alla stessa pista, non provava altro che amarezza.

Nå, stilt overfor den samme sti igjen, følte han ingenting annet enn bitterhet.

Il suo cuore non c'era, e nemmeno quello degli altri cani.
Hans hjerte var ikke med i det, og det var heller ikke hjertene til de andre hundene.
I nuovi cani erano timidi e gli husky non si fidavano per niente.
De nye hundene var sky, og huskyene manglet all tillit.
Buck capì che non poteva fare affidamento su quei due uomini o sulla loro sorella.
Buck følte at han ikke kunne stole på disse to mennene eller søsteren deres.
Non sapevano nulla e non mostravano alcun segno di apprendimento lungo il percorso.
De visste ingenting og viste ingen tegn til å lære underveis.
Erano disorganizzati e privi di qualsiasi senso di disciplina.
De var uorganiserte og manglet enhver sans for disiplin.
Ogni volta impiegavano metà della notte per allestire un accampamento malmesso.
Det tok dem halve natten å sette opp en slurvete leir hver gang.
E metà della mattina successiva la trascorsero di nuovo armeggiando con la slitta.
Og halve neste morgen brukte de på å fomle med sleden igjen.
Spesso a mezzogiorno si fermavano solo per sistemare il carico irregolare.
Ved middagstid stoppet de ofte bare for å fikse den ujevne lasten.
In alcuni giorni percorsero meno di dieci miglia in totale.
Noen dager reiste de mindre enn ti mil totalt.
Altri giorni non riuscivano proprio ad abbandonare l'accampamento.
Andre dager klarte de ikke å forlate leiren i det hele tatt.
Non sono mai riusciti a coprire la distanza alimentare prevista.
De kom aldri i nærheten av å tilbakelegge den planlagte matavstanden.
Come previsto, il cibo per i cani finì molto presto.
Som forventet gikk de raskt tom for mat til hundene.

Nei primi tempi hanno peggiorato ulteriormente la situazione con l'eccesso di cibo.
De gjorde vondt verre ved å overfôre i begynnelsen.

Ciò rendeva la carestia sempre più vicina, con ogni razione disattenta.
Dette brakte sulten nærmere med hver uforsiktige rasjonering.

I nuovi cani non avevano ancora imparato a sopravvivere con molto poco.
De nye hundene hadde ikke lært å overleve på særlig lite.

Mangiarono avidamente, con un appetito troppo grande per il sentiero.
De spiste sultent, med en appetitt som var for stor for stien.

Vedendo i cani indebolirsi, Hal pensò che il cibo non fosse sufficiente.
Da Hal så hundene svekke seg, trodde han at maten ikke var nok.

Raddoppiò le razioni, peggiorando ulteriormente l'errore.
Han doblet rasjonene, noe som gjorde feilen enda verre.

Mercedes aggravò il problema con le sue lacrime e le sue suppliche sommesse.
Mercedes forverret problemet med tårer og lav tryglende bønn.

Quando non riuscì a convincere Hal, diede da mangiare ai cani di nascosto.
Da hun ikke klarte å overbevise Hal, matet hun hundene i hemmelighet.

Rubò il pesce dai sacchi e glielo diede alle spalle.
Hun stjal fra fiskesekkene og ga det til dem bak ryggen hans.

Ma ciò di cui i cani avevano veramente bisogno non era altro cibo: era riposo.
Men det hundene egentlig trengte var ikke mer mat – det var hvile.

Nonostante la loro scarsa velocità, la pesante slitta continuava a procedere.
De hadde dårlig tid, men den tunge sleden slepte fortsatt videre.

Quel peso da solo esauriva ogni giorno le loro forze rimanenti.
Bare den vekten tappet for den gjenværende styrken hver dag.
Poi arrivò la fase della sottoalimentazione, quando le scorte scarseggiavano.
Så kom stadiet med underfôring ettersom forsyningene gikk tom.
Una mattina Hal si accorse che metà del cibo per cani era già finito.
Hal innså en morgen at halvparten av hundematen allerede var borte.
Avevano percorso solo un quarto della distanza totale del sentiero.
De hadde bare tilbakelagt en fjerdedel av den totale distansen på løypa.
Non si poteva più comprare cibo, a qualunque prezzo.
Ikke mer mat kunne kjøpes, uansett hvilken pris som ble tilbudt.
Ridusse le porzioni dei cani al di sotto della razione giornaliera standard.
Han reduserte hundenes porsjoner til under standard daglig rasjon.
Allo stesso tempo, chiese di viaggiare più a lungo per compensare la perdita.
Samtidig krevde han lengre reisetid for å kompensere for tapet.
Mercedes e Charles appoggiarono questo piano, ma fallirono nella sua realizzazione.
Mercedes og Charles støttet denne planen, men mislyktes i gjennomføringen.
La loro pesante slitta e la mancanza di abilità rendevano il progresso quasi impossibile.
Den tunge sleden og mangelen på ferdigheter gjorde fremgang nesten umulig.
Era facile dare meno cibo, ma impossibile forzare uno sforzo maggiore.

Det var lett å gi mindre mat, men umulig å tvinge frem mer innsats.
Non potevano partire prima, né viaggiare per ore extra.
De kunne ikke starte tidlig, og de kunne heller ikke reise i ekstra timer.
Non sapevano come gestire i cani, e nemmeno loro stessi, a dire il vero.
De visste ikke hvordan de skulle jobbe med hundene, og heller ikke seg selv for den saks skyld.
Il primo cane a morire fu Dub, lo sfortunato ma laborioso ladro.
Den første hunden som døde var Dub, den uheldige, men hardtarbeidende tyven.
Sebbene spesso punito, Dub aveva fatto la sua parte senza lamentarsi.
Selv om Dub ofte ble straffet, hadde han holdt sitt strå uten å klage.
La sua spalla ferita peggiorò se non ricevette cure adeguate e non ebbe bisogno di riposo.
Den skadde skulderen hans ble verre uten pleie eller behov for hvile.
Alla fine, Hal usò la pistola per porre fine alle sofferenze di Dub.
Til slutt brukte Hal revolveren til å få slutt på Dubs lidelse.
Un detto comune afferma che i cani normali muoiono se vengono nutriti con razioni di husky.
Et vanlig ordtak hevdet at vanlige hunder dør på husky-rasjoner.
I sei nuovi compagni di Buck avevano ricevuto solo metà della quota di cibo riservata all'husky.
Bucks seks nye følgesvenner fikk bare halvparten av huskyens andel av mat.
Il Terranova morì per primo, seguito dai tre cani da caccia a pelo corto.
Newfoundlanderen døde først, deretter de tre korthårede pointerhundene.

I due bastardi resistettero più a lungo ma alla fine morirono come gli altri.
De to blandingsdyrene holdt ut lenger, men omkom til slutt i likhet med resten.
Ormai tutti i comfort e la gentilezza del Southland erano scomparsi.
På dette tidspunktet var alle fasilitetene og den rolige atmosfæren i Sørlandet borte.
Le tre persone avevano perso le ultime tracce della loro educazione civile.
De tre menneskene hadde lagt av seg de siste sporene av sin siviliserte oppvekst.
Spogliato di glamour e romanticismo, il viaggio nell'Artico è diventato brutalmente reale.
Strippet for glamour og romantikk ble arktiske reiser brutalt virkelige.
Era una realtà troppo dura per il loro senso di virilità e femminilità.
Det var en virkelighet som var for hard for deres oppfatning av manndom og kvinnelighet.
Mercedes non piangeva più per i cani, ma piangeva solo per se stessa.
Mercedes gråt ikke lenger over hundene, men nå gråt hun bare over seg selv.
Trascorreva il tempo piangendo e litigando con Hal e Charles.
Hun brukte tiden sin på å gråte og krangle med Hal og Charles.
Litigare era l'unica cosa per cui non si stancavano mai.
Krangel var det eneste de aldri var for slitne til å gjøre.
La loro irritabilità derivava dalla miseria, cresceva con essa e la superava.
Irritabiliteten deres kom fra elendighet, vokste med den og overgikk den.
La pazienza del cammino, nota a coloro che faticano e soffrono con generosità, non è mai arrivata.

Tålmodigheten på stien, kjent for de som sliter og lider vennlig, kom aldri.

Quella pazienza che rende dolce la parola nonostante il dolore, era a loro sconosciuta.

Den tålmodigheten, som holder talen søt gjennom smerte, var ukjent for dem.

Non avevano alcun briciolo di pazienza, nessuna forza derivante dalla sofferenza con grazia.

De hadde ikke et snev av tålmodighet, ingen styrke hentet fra lidelse med nåde.

Erano irrigiditi dal dolore: dolori nei muscoli, nelle ossa e nel cuore.

De var stive av smerter – det var verk i muskler, bein og hjerter.

Per questo motivo, divennero taglienti nella lingua e pronti a pronunciare parole dure.

På grunn av dette ble de skarpe i tungen og snar til harde ord.

Ogni giorno iniziava e finiva con voci arrabbiate e lamentele amare.

Hver dag begynte og sluttet med sinte stemmer og bitre klager.

Charles e Hal litigavano ogni volta che Mercedes ne dava loro l'occasione.

Charles og Hal kranglet hver gang Mercedes ga dem en sjanse.

Ogni uomo credeva di aver fatto più del dovuto.

Hver mann mente at han gjorde mer enn sin rettmessige andel av arbeidet.

Nessuno dei due ha mai perso l'occasione di dirlo, ancora e ancora.

Ingen av dem gikk noen gang glipp av en sjanse til å si det, igjen og igjen.

A volte Mercedes si schierava con Charles, a volte con Hal.

Noen ganger tok Mercedes parti med Charles, noen ganger med Hal.

Ciò portò a una grande e infinita lite tra i tre.

Dette førte til en stor og endeløs krangel mellom de tre.

La disputa su chi dovesse tagliare la legna da ardere divenne incontrollabile.
En krangel om hvem som skulle hogge ved kom ut av kontroll.
Ben presto vennero nominati padri, madri, cugini e parenti defunti.
Snart ble fedre, mødre, søskenbarn og avdøde slektninger navngitt.
Le opinioni di Hal sull'arte o sulle opere teatrali di suo zio divennero parte della lotta.
Hals syn på kunst eller onkelens skuespill ble en del av kampen.
Anche le convinzioni politiche di Carlo entrarono nel dibattito.
Charles' politiske overbevisninger kom også inn i debatten.
Per Mercedes, perfino i pettegolezzi della sorella del marito sembravano rilevanti.
For Mercedes virket til og med sladderet fra ektemannens søster relevant.
Espresse la sua opinione su questo e su molti dei difetti della famiglia di Charles.
Hun luftet meninger om det og om mange av Charles' families feil.
Mentre discutevano, il fuoco rimase spento e l'accampamento mezzo allestito.
Mens de kranglet, forble bålet slukket og leiren halvveis satt opp.
Nel frattempo i cani erano rimasti infreddoliti e senza cibo.
I mellomtiden forble hundene kalde og uten mat.
Mercedes nutriva un risentimento che considerava profondamente personale.
Mercedes hadde en klage hun anså som svært personlig.
Si sentiva maltrattata in quanto donna e le venivano negati i suoi gentili privilegi.
Hun følte seg dårlig behandlet som kvinne, nektet sine milde privilegier.

Era carina e gentile, e per tutta la vita era stata abituata alla cavalleria.
Hun var pen og myk, og pleide å være ridderlig hele livet.
Ma suo marito e suo fratello ora la trattavano con impazienza.
Men mannen og broren hennes behandlet henne nå med utålmodighet.
Aveva l'abitudine di comportarsi in modo impotente e loro cominciarono a lamentarsi.
Hennes vane var å oppføre seg hjelpeløs, og de begynte å klage.
Offesa da ciò, rese loro la vita ancora più difficile.
Fornærmet av dette gjorde hun livene deres enda vanskeligere.
Ignorò i cani e insistette per guidare lei stessa la slitta.
Hun ignorerte hundene og insisterte på å kjøre sleden selv.
Sebbene sembrasse esile, pesava centoventi libbre (circa quaranta chili).
Selv om hun var lett av utseende, veide hun 45 kilo.
Quel peso aggiuntivo era troppo per i cani affamati e deboli.
Den ekstra byrden var for mye for de sultende, svake hundene.
Nonostante ciò, continuò a cavalcare per giorni, finché i cani non crollarono nelle redini.
Likevel red hun i dagevis, helt til hundene kollapset i tøylene.
La slitta si fermò e Charles e Hal la implorarono di proseguire a piedi.
Sleden sto stille, og Charles og Hal tryglet henne om å gå.
Loro la implorarono e la scongiurarono, ma lei pianse e li definì crudeli.
De tryglet og tryglet, men hun gråt og kalte dem grusomme.
In un'occasione, la tirarono giù dalla slitta con pura forza e rabbia.
Ved en anledning dro de henne av sleden med ren makt og sinne.
Dopo quello che accadde quella volta non ci riprovarono più.

De prøvde aldri igjen etter det som skjedde den gangen.
Si accasciò come una bambina viziata e si sedette nella neve.
Hun slapp som et bortskjemt barn og satte seg i snøen.
Continuarono a muoversi, ma lei si rifiutò di alzarsi o di seguirli.
De gikk videre, men hun nektet å reise seg eller følge etter.
Dopo tre miglia si fermarono, tornarono indietro e la riportarono indietro.
Etter tre mil stoppet de, returnerte og bar henne tilbake.
La ricaricarono sulla slitta, usando ancora una volta la forza bruta.
De lastet henne opp på sleden igjen, igjen med rå styrke.
Nella loro profonda miseria, erano insensibili alla sofferenza dei cani.
I sin dype elendighet var de følelsesløse overfor hundenes lidelse.
Hal credeva che fosse necessario indurirsi e impose questa convinzione agli altri.
Hal mente at man måtte forherdes, og tvang den troen på andre.
Inizialmente ha cercato di predicare la sua filosofia a sua sorella
Han prøvde først å forkynne filosofien sin til søsteren sin
e poi, senza successo, predicò al cognato.
og så, uten hell, prekte han for svogeren sin.
Ebbe più successo con i cani, ma solo perché li ferì.
Han hadde mer suksess med hundene, men bare fordi han skadet dem.
Da Five Fingers, il cibo per cani è rimasto completamente vuoto.
Hos Five Fingers gikk hundeforet helt tomt.
Una vecchia squaw sdentata vendette qualche chilo di pelle di cavallo congelata
En tannløs gammel squat solgte noen få kilo frossent hesteskinn
Hal scambiò la sua pistola con la pelle di cavallo secca.
Hal byttet revolveren sin mot det tørkede hesteskinnet.

La carne proveniva dai cavalli affamati di allevatori di bovini, morti mesi prima.
Kjøttet hadde kommet fra utsultede hester eller kvegoppdrettere måneder tidligere.

Congelata, la pelle era come ferro zincato: dura e immangiabile.
Frossen var skinnet som galvanisert jern; seigt og uspiselig.

Per riuscire a mangiarla, i cani dovevano masticare la pelle senza sosta.
Hundene måtte tygge uendelig på skinnet for å spise det.

Ma le corde coriacee e i peli corti non erano certo un nutrimento.
Men de læraktige strengene og det korte håret var neppe næring.

La maggior parte della pelle era irritante e non era cibo in senso stretto.
Det meste av skinnet var irriterende, og ikke mat i noen egentlig forstand.

E nonostante tutto, Buck barcollava davanti a tutti, come in un incubo.
Og gjennom alt dette sjanglet Buck foran, som i et mareritt.

Quando poteva, tirava; quando non poteva, restava lì finché non veniva sollevato dalla frusta o dal bastone.
Han dro når han kunne; når han ikke kunne, lå han til pisken eller køllen løftet ham.

Il suo pelo fine e lucido aveva perso tutta la rigidità e la lucentezza di un tempo.
Den fine, blanke pelsen hans hadde mistet all stivhet og glans den en gang hadde.

I suoi capelli erano flosci, spettinati e pieni di sangue rappreso a causa dei colpi.
Håret hans hang slapp, bustete og klumpete av tørket blod etter slagene.

I suoi muscoli si ridussero a midolli e i cuscinetti di carne erano tutti consumati.
Musklene hans krympet til strenger, og kjøttputene hans var slitt bort.

Ogni costola, ogni osso erano chiaramente visibili attraverso le pieghe della pelle rugosa.
Hvert ribbein, hvert bein syntes tydelig gjennom folder av rynkete hud.
Fu straziante, ma il cuore di Buck non riuscì a spezzarsi.
Det var hjerteskjærende, men Bucks hjerte kunne ikke knuses.
L'uomo con il maglione rosso lo aveva testato e dimostrato molto tempo prima.
Mannen i den røde genseren hadde testet det og bevist det for lenge siden.
Così come accadde a Buck, accadde anche a tutti i suoi compagni di squadra rimasti.
Som det var med Buck, slik var det også med alle hans gjenværende lagkamerater.
Ce n'erano sette in totale, ognuno uno scheletro ambulante di miseria.
Det var sju totalt, hver av dem et vandrende skjelett av elendighet.
Erano diventati insensibili alle fruste e sentivano solo un dolore distante.
De hadde blitt numne til å piske, og følte bare fjern smerte.
Anche la vista e i suoni li raggiungevano debolmente, come attraverso una fitta nebbia.
Selv syn og lyd nådde dem svakt, som gjennom en tett tåke.
Non erano mezzi vivi: erano ossa con deboli scintille al loro interno.
De var ikke halvt levende – de var bein med svake gnister inni.
Una volta fermati, crollarono come cadaveri, con le scintille quasi del tutto spente.
Da de stoppet, kollapset de som lik, gnistene nesten borte.
E quando la frusta o il bastone colpivano di nuovo, le scintille sfarfallavano debolmente.
Og når pisken eller køllen slo igjen, blafret gnistene svakt.
Poi si alzarono, barcollarono in avanti e trascinarono le loro membra in avanti.

Så reiste de seg, sjanglet fremover og dro lemmene sine fremover.

Un giorno il gentile Billee cadde e non riuscì più a rialzarsi.
En dag falt den snille Billee og kunne ikke reise seg i det hele tatt.

Hal aveva scambiato la sua pistola con quella di Billee, così decise di ucciderla con un'ascia.
Hal hadde byttet revolveren sin, så han brukte en øks til å drepe Billee i stedet.

Lo colpì alla testa, poi gli tagliò il corpo e lo trascinò via.
Han slo ham i hodet, skar deretter løs kroppen hans og dro den bort.

Buck se ne accorse, e così fecero anche gli altri: sapevano che la morte era vicina.
Buck så dette, og det gjorde de andre også; de visste at døden var nær.

Il giorno dopo Koona se ne andò, lasciando solo cinque cani nel gruppo affamato.
Neste dag dro Koona, og etterlot bare fem hunder i det sultende spannet.

Joe, non più cattivo, era ormai troppo fuori di sé per rendersi conto di nulla.
Joe, ikke lenger slem, var for langt borte til å være klar over stort i det hele tatt.

Pike, ormai non fingeva più di essere ferito, era appena cosciente.
Pike, som ikke lenger latet som om han var skadet, var knapt bevisst.

Solleks, ancora fedele, si rammaricava di non avere più la forza di dare.
Solleks, fortsatt trofast, sørget over at han ikke hadde styrke til å gi.

Teek fu battuto più di tutti perché era più fresco, ma stava calando rapidamente.
Teek ble slått mest fordi han var friskere, men forsvant raskt.

E Buck, ancora in testa, non mantenne più l'ordine né lo fece rispettare.

Og Buck, fortsatt i ledelsen, opprettholdt eller håndhevet ikke lenger orden.

Mezzo accecato dalla debolezza, Buck seguì la pista solo a tentoni.

Halvblind av svakhet fulgte Buck sporet alene på følelsen.

Era una bellissima primavera, ma nessuno di loro se ne accorse.

Det var nydelig vårvær, men ingen av dem la merke til det.

Ogni giorno il sole sorgeva prima e tramontava più tardi.

Hver dag sto solen opp tidligere og gikk ned senere enn før.

Alle tre del mattino era già spuntata l'alba; il crepuscolo durò fino alle nove.

Klokken tre om morgenen kom daggryet, og skumringen varte til klokken ni.

Le lunghe giornate erano illuminate dal sole primaverile.

De lange dagene var fylt med den fulle strålen av vårsol.

Il silenzio spettrale dell'inverno si era trasformato in un caldo mormorio.

Vinterens spøkelsesaktige stillhet hadde forvandlet seg til en varm mumling.

Tutta la terra si stava svegliando, animata dalla gioia degli esseri viventi.

Hele landet våknet, levende av gleden over levende vesener.

Il suono proveniva da ciò che era rimasto morto e immobile per tutto l'inverno.

Lyden kom fra det som hadde ligget dødt og stille gjennom vinteren.

Ora quelle cose si mossero di nuovo, scrollandosi di dosso il lungo sonno del gelo.

Nå beveget disse tingene seg igjen og ristet av seg den lange frostsøvnen.

La linfa saliva attraverso i tronchi scuri dei pini in attesa.

Sevje steg opp gjennom de mørke stammene til de ventende furutrærne.

Salici e pioppi tremuli fanno sbocciare giovani gemme luminose su ogni ramoscello.

Piletrær og osp får lyse, unge knopper på hver kvist.

Arbusti e viti si tingono di un verde fresco mentre il bosco si anima.
Busker og slyngplanter fikk friskt grønt idet skogen våknet til liv.
Di notte i grilli cantavano e di giorno gli insetti strisciavano nella luce del sole.
Sirisser kvitret om natten, og insekter krøp i dagslyssolen.
Le pernici gridavano e i picchi picchiavano in profondità tra gli alberi.
Rapphønsene dundret, og hakkespetter banket dypt oppe i trærne.
Gli scoiattoli chiacchieravano, gli uccelli cantavano e le oche starnazzavano per richiamare l'attenzione dei cani.
Ekorn klukket, fugler sang, og gjess tutet over hundene.
Gli uccelli selvatici arrivavano a cunei affilati, volando in alto da sud.
Villfuglene kom i skarpe flokker, fløyende opp fra sør.
Da ogni pendio giungeva la musica di ruscelli nascosti e impetuosi.
Fra hver åsside kom musikken fra skjulte, brusende bekker.
Tutto si scongelava e si spezzava, si piegava e ricominciava a muoversi.
Alt tint og knakk, bøyde seg og brast i bevegelse igjen.
Lo Yukon si sforzò di spezzare le fredde catene del ghiaccio ghiacciato.
Yukon anstrengte seg for å bryte de kalde kjedene av frossen is.
Il ghiaccio si scioglieva sotto, mentre il sole lo scioglieva dall'alto.
Isen smeltet under, mens solen smeltet den ovenfra.
Si aprirono dei buchi, si allargarono delle crepe e dei pezzi caddero nel fiume.
Lufthull åpnet seg, sprekker spredte seg, og biter falt ned i elven.
In mezzo a tutta questa vita sfrenata e sfrenata, i viaggiatori barcollavano.

Midt i alt dette sprudlende og flammende livet vaklet de reisende.
Due uomini, una donna e un branco di husky camminavano come morti.
To menn, en kvinne og en flokk huskyer gikk som døde.
I cani cadevano, Mercedes piangeva, ma continuava a guidare la slitta.
Hundene falt, Mercedes gråt, men kjørte fortsatt sleden.
Hal imprecò debolmente e Charles sbatté le palpebre con gli occhi lacrimanti.
Hal bannet svakt, og Charles blunket gjennom rennende øyne.
Si imbatterono nell'accampamento di John Thornton, nei pressi della foce del White River.
De snublet inn i John Thorntons leir ved White Rivers munning.
Quando si fermarono, i cani caddero a terra, come se fossero stati tutti colpiti a morte.
Da de stoppet, falt hundene flate, som om alle hadde slått døde.
Mercedes si asciugò le lacrime e guardò John Thornton.
Mercedes tørket tårene og så bort på John Thornton.
Charles si sedette su un tronco, lentamente e rigidamente, dolorante per il sentiero.
Charles satt på en tømmerstokk, sakte og stivt, verkende etter stien.
Hal parlava mentre Thornton intagliava l'estremità del manico di un'ascia.
Hal snakket mens Thornton skar ut enden av et økseskaft.
Tagliò il legno di betulla e rispose con frasi brevi e decise.
Han hogde bjørkeved og svarte med korte, bestemte svar.
Quando gli veniva chiesto, dava un consiglio, certo che non sarebbe stato seguito.
Da han ble spurt, ga han råd, sikker på at det ikke kom til å bli fulgt.
Hal spiegò: "Ci avevano detto che il ghiaccio lungo la pista si stava staccando".

Hal forklarte: «De fortalte oss at isen på stien var i ferd med å falle av.»

"Ci avevano detto che dovevamo restare fermi, ma siamo arrivati a White River."

«De sa at vi skulle bli her – men vi kom oss til White River.»

Concluse con un tono beffardo, come per cantare vittoria nelle difficoltà.

Han avsluttet med en hånlig tone, som for å hevde seier i motgang.

"E ti hanno detto la verità", rispose John Thornton a bassa voce ad Hal.

«Og de fortalte deg sant», svarte John Thornton stille til Hal.

"Il ghiaccio potrebbe cedere da un momento all'altro: è pronto a staccarsi."

«Isen kan gi etter når som helst – den er klar til å falle av.»

"Solo la fortuna cieca e gli sciocchi avrebbero potuto arrivare vivi fin qui."

«Bare blind flaks og dårer kunne ha kommet så langt i live.»

"Te lo dico senza mezzi termini: non rischierei la vita per tutto l'oro dell'Alaska."

«Jeg sier deg rett ut, jeg ville ikke risikere livet mitt for alt gullet i Alaska.»

"Immagino che tu non sia uno stupido", rispose Hal.

«Det er fordi du ikke er en tosk, antar jeg», svarte Hal.

"Comunque, andiamo avanti con Dawson." Srotolò la frusta.

«Likevel går vi videre til Dawson.» Han viklet ut pisken.

"Sali, Buck! Ehi! Alzati! Forza!" urlò con voce roca.

«Kom deg opp, Buck! Hei! Kom deg opp! Kom igjen!» ropte han hardt.

Thornton continuò a intagliare, sapendo che gli sciocchi non volevano sentire ragioni.

Thornton fortsatte å snike, vel vitende om at dårer ikke vil høre på fornuft.

Fermare uno stupido era inutile, e due o tre stupidi non cambiavano nulla.

Å stoppe en tosk var nytteløst – og to eller tre narrede forandret ingenting.

Ma la squadra non si mosse al suono del comando di Hal.
Men laget rørte seg ikke ved lyden av Hals kommando.
Ormai solo i colpi potevano farli sollevare e avanzare.
Nå var det bare slag som kunne få dem til å reise seg og trekke seg fremover.
La frusta schioccava ripetutamente sui cani indeboliti.
Pisken smalt igjen og igjen over de svekkede hundene.
John Thornton strinse forte le labbra e osservò in silenzio.
John Thornton presset leppene tett sammen og så på i stillhet.
Solleks fu il primo a rialzarsi sotto la frusta.
Solleks var den første som krøp opp på beina under piskingen.
Poi Teek lo seguì, tremando. Joe urlò mentre barcollava.
Så fulgte Teek etter, skjelvende. Joe hylte idet han snublet opp.
Pike cercò di alzarsi, fallì due volte, poi alla fine si rialzò barcollando.
Pike prøvde å reise seg, mislyktes to ganger, og sto til slutt ustø.
Ma Buck rimase lì dov'era caduto, senza muoversi affatto.
Men Buck lå der han hadde falt, og rørte seg ikke i det hele tatt denne gangen.
La frusta lo colpì più volte, ma lui non emise alcun suono.
Pisken slo ham om og om igjen, men han lagde ingen lyd.
Lui non sussultò né oppose resistenza, rimase semplicemente immobile e in silenzio.
Han verken rykket til eller gjorde motstand, bare forble stille og rolig.
Thornton si mosse più di una volta, come per dire qualcosa, ma non lo fece.
Thornton rørte på seg mer enn én gang, som for å snakke, men gjorde det ikke.
I suoi occhi si inumidirono, ma la frusta continuava a schioccare contro Buck.
Øynene hans ble våte, og pisken smalt fortsatt mot Buck.
Alla fine Thornton cominciò a camminare lentamente, incerto sul da farsi.
Endelig begynte Thornton å gå sakte frem og tilbake, usikker på hva han skulle gjøre.

Era la prima volta che Buck falliva e Hal si infuriò.
Det var første gang Buck hadde mislyktes, og Hal ble rasende.
Gettò via la frusta e prese al suo posto il pesante manganello.
Han kastet pisken og plukket opp den tunge køllen i stedet.
La mazza di legno colpì con violenza, ma Buck non si alzò per muoversi.
Trekøllen falt hardt ned, men Buck reiste seg fortsatt ikke for å røre seg.
Come i suoi compagni di squadra, era troppo debole, ma non solo.
I likhet med lagkameratene var han for svak – men mer enn det.
Buck aveva deciso di non muoversi, qualunque cosa accadesse.
Buck hadde bestemt seg for ikke å flytte, uansett hva som skjedde etterpå.
Sentì qualcosa di oscuro e sicuro incombere proprio davanti a sé.
Han følte noe mørkt og sikkert sveve rett foran ham.
Quel terrore lo aveva colto non appena aveva raggiunto la riva del fiume.
Den frykten hadde grepet ham så snart han nådde elvebredden.
Quella sensazione non lo aveva abbandonato da quando aveva sentito il ghiaccio assottigliarsi sotto le zampe.
Følelsen hadde ikke forlatt ham siden han kjente isen tynne under potene.
Qualcosa di terribile lo stava aspettando: lo sentiva proprio lungo il sentiero.
Noe forferdelig ventet – han kjente det rett nede langs stien.
Non avrebbe camminato verso quella cosa terribile davanti a lui
Han hadde ikke tenkt å gå mot den forferdelige tingen foran seg.
Non avrebbe obbedito a nessun ordine che lo avrebbe condotto a quella cosa.

Han kom ikke til å adlyde noen kommando som førte ham til den tingen.

Ormai il dolore dei colpi non lo sfiorava più: era troppo stanco.

Smerten fra slagene berørte ham knapt nå – han var for langt borte.

La scintilla della vita tremolava lentamente, affievolita da ogni colpo crudele.

Livsgnisten blafret lavt, dempet under hvert grusomme slag.

Gli arti gli sembravano distanti; tutto il corpo sembrava appartenere a un altro.

Lemmene hans føltes fjerne; hele kroppen hans syntes å tilhøre en annen.

Sentì uno strano torpore mentre il dolore scompariva completamente.

Han kjente en merkelig nummenhet idet smerten forsvant helt.

Da lontano, sentiva che lo stavano picchiando, ma non se ne rendeva conto.

Langt unna følte han at han ble slått, men han visste det knapt.

Poteva udire debolmente i tonfi, ma ormai non gli facevano più male.

Han kunne høre dunkene svakt, men de gjorde ikke lenger ordentlig vondt.

I colpi andarono a segno, ma il suo corpo non sembrava più il suo.

Slagene traff, men kroppen hans føltes ikke lenger som sin egen.

Poi, all'improvviso, senza alcun preavviso, John Thornton lanciò un grido selvaggio.

Så plutselig, uten forvarsel, hylte John Thornton et vilt skrik.

Era inarticolato, più il grido di una bestia che di un uomo.

Det var uartikulert, mer skriket fra et dyr enn fra et menneske.

Si lanciò sull'uomo con la mazza e fece cadere Hal all'indietro.

Han hoppet mot mannen med køllen og slo Hal bakover.

Hal volò come se fosse stato colpito da un albero, atterrando pesantemente al suolo.
Hal fløy som om han var blitt truffet av et tre og landet hardt på bakken.
Mercedes urlò a gran voce in preda al panico e si portò le mani al viso.
Mercedes skrek høyt i panikk og klamret seg til ansiktet hennes.
Charles si limitò a guardare, si asciugò gli occhi e rimase seduto.
Charles bare så på, tørket øynene og ble sittende.
Il suo corpo era troppo irrigidito dal dolore per alzarsi o contribuire alla lotta.
Kroppen hans var for stiv av smerter til å reise seg eller hjelpe til i kampen.
Thornton era in piedi davanti a Buck, tremante di rabbia, incapace di parlare.
Thornton sto over Buck, skjelvende av raseri, ute av stand til å snakke.
Tremava di rabbia e lottò per trovare la voce.
Han skalv av raseri og kjempet for å finne stemmen sin gjennom det.
"Se colpisci ancora quel cane, ti uccido", disse infine.
«Hvis du slår den hunden igjen, dreper jeg deg», sa han til slutt.
Hal si asciugò il sangue dalla bocca e tornò avanti.
Hal tørket blodet av munnen og kom frem igjen.
"È il mio cane", borbottò. "Togliti di mezzo o ti sistemo io."
«Det er hunden min», mumlet han. «Kom deg unna, ellers fikser jeg deg.»
"Vado da Dawson e tu non mi fermerai", ha aggiunto.
«Jeg skal til Dawson, og du stopper meg ikke», la han til.
Thornton si fermò tra Buck e il giovane arrabbiato.
Thornton sto stødig mellom Buck og den sinte unge mannen.
Non aveva alcuna intenzione di farsi da parte o di lasciar passare Hal.

Han hadde ingen intensjon om å tre til side eller la Hal gå forbi.
Hal tirò fuori il suo coltello da caccia, lungo e pericoloso nella sua mano.
Hal dro frem jaktkniven sin, lang og farlig i hånden.
Mercedes urlò, poi pianse, poi rise in preda a un'isteria selvaggia.
Mercedes skrek, så gråt, så lo hun i vill hysteri.
Thornton colpì la mano di Hal con il manico dell'ascia, con forza e rapidità.
Thornton slo Hals hånd med økseskaftet, hardt og raskt.
Il coltello si liberò dalla presa di Hal e volò a terra.
Kniven ble slått løs fra Hals grep og fløy i bakken.
Hal cercò di raccogliere il coltello, ma Thornton gli batté di nuovo le nocche.
Hal prøvde å plukke opp kniven, og Thornton banket seg på knokene igjen.
Poi Thornton si chinò, afferrò il coltello e lo tenne fermo.
Så bøyde Thornton seg ned, grep kniven og holdt den.
Con due rapidi colpi del manico dell'ascia, tagliò le redini di Buck.
Med to raske hugg med økseskaftet hogg han av Bucks tøyler.
Hal non aveva più voglia di combattere e si allontanò dal cane.
Hal hadde ikke mer kampvilje i seg og trakk seg tilbake fra hunden.
Inoltre, ora Mercedes aveva bisogno di entrambe le braccia per restare in piedi.
Dessuten trengte Mercedes begge armene nå for å holde seg oppreist.
Buck era troppo vicino alla morte per poter nuovamente tirare la slitta.
Buck var for nær døden til å være til nytte for å trekke en slede igjen.
Pochi minuti dopo, ripartirono, dirigendosi verso il fiume.
Noen minutter senere dro de ut og satte kursen nedover elven.

Buck sollevò debolmente la testa e li guardò lasciare la banca.
Buck løftet hodet svakt og så dem forlate banken.
Pike guidava la squadra, con Solleks dietro al volante.
Pike ledet laget, med Solleks bakerst i rattet.
Joe e Teek camminavano in mezzo, zoppicando entrambi per la stanchezza.
Joe og Teek gikk mellom dem, begge haltende av utmattelse.
Mercedes si sedette sulla slitta e Hal afferrò la lunga pertica.
Mercedes satte seg på sleden, og Hal grep tak i den lange geestangen.
Charles barcollava dietro di lui, con passi goffi e incerti.
Charles snublet bak, med klønete og usikre skritt.
Thornton si inginocchiò accanto a Buck e tastò delicatamente per vedere se aveva ossa rotte.
Thornton knelte ved siden av Buck og kjente forsiktig etter brukne bein.
Le sue mani erano ruvide, ma si muovevano con gentilezza e cura.
Hendene hans var ru, men beveget seg med vennlighet og omsorg.
Il corpo di Buck era pieno di lividi, ma non presentava lesioni permanenti.
Bucks kropp var forslått, men viste ingen varige skader.
Ciò che restava era una fame terribile e una debolezza quasi totale.
Det som var igjen var forferdelig sult og nesten total svakhet.
Quando la situazione fu più chiara, la slitta era già andata molto a valle.
Da dette var klart, hadde sleden gått langt nedover elva.
L'uomo e il cane osservavano la slitta avanzare lentamente sul ghiaccio che si rompeva.
Mann og hund så sleden sakte krype over den knakende isen.
Poi videro la slitta sprofondare in una cavità.
Så så de sleden synke ned i en fordypning.
La pertica volò in alto, ma Hal vi si aggrappò ancora invano.

Gee-stangen fløy opp, og Hal klamret seg fortsatt forgjeves til den.

L'urlo di Mercedes li raggiunse attraverso la fredda distanza.
Mercedes' skrik nådde dem over den kalde avstanden.

Charles si voltò e fece un passo indietro, ma era troppo tardi.
Charles snudde seg og tok et skritt tilbake – men han var for sent ute.

Un'intera calotta di ghiaccio cedette e tutti precipitarono.
En hel isflak ga etter, og de falt alle gjennom.

Cani, slitte e persone scomparvero nelle acque nere sottostanti.
Hunder, slede og mennesker forsvant ned i det svarte vannet nedenfor.

Nel punto in cui erano passati era rimasto solo un largo buco nel ghiaccio.
Bare et bredt hull i isen var igjen der de hadde passert.

Il fondo del sentiero era crollato, proprio come aveva previsto Thornton.
Bunnen av stien hadde falt ut – akkurat som Thornton advarte.

Thornton e Buck si guardarono l'un l'altro, in silenzio per un momento.
Thornton og Buck så tause på hverandre et øyeblikk.

"Povero diavolo", disse Thornton dolcemente, e Buck gli leccò la mano.
«Din stakkars djevel,» sa Thornton lavt, og Buck slikket seg på hånden.

Per amore di un uomo
For kjærligheten til en mann

John Thornton si congelò i piedi per il freddo del dicembre precedente.
John Thornton frøs føttene i kulden i desember før.
I suoi compagni lo fecero sentire a suo agio e lo lasciarono guarire da solo.
Partnerne hans sørget for at han var komfortabel og lot ham komme seg alene.
Risalirono il fiume per raccogliere una zattera di tronchi da sega per Dawson.
De dro oppover elven for å samle en flåte med sagstokker til Dawson.
Zoppicava ancora leggermente quando salvò Buck dalla morte.
Han haltet fortsatt litt da han reddet Buck fra døden.
Ma con il persistere del caldo, anche quella zoppia è scomparsa.
Men med det fortsatte varme været, forsvant selv den haltingen.
Sdraiato sulla riva del fiume durante le lunghe giornate primaverili, Buck si riposò.
Buck hvilte mens han lå ved elvebredden i løpet av lange vårdager.
Osservava l'acqua che scorreva e ascoltava gli uccelli e gli insetti.
Han så på det rennende vannet og lyttet til fugler og insekter.
Lentamente Buck riacquistò le forze sotto il sole e il cielo.
Sakte men sikkert gjenvant Buck kreftene sine under solen og himmelen.
Dopo aver viaggiato tremila miglia, riposarsi è stato meraviglioso.
En hvile føltes fantastisk etter å ha reist tre tusen mil.
Buck diventò pigro man mano che le sue ferite guarivano e il suo corpo si riempiva.

Buck ble lat etter hvert som sårene hans grodde og kroppen hans fyltes opp.
I suoi muscoli si rassodarono e la carne tornò a ricoprire le sue ossa.
Musklene hans ble faste, og kjøttet dekket knoklene hans igjen.
Stavano tutti riposando: Buck, Thornton, Skeet e Nig.
De hvilte alle – Buck, Thornton, Skeet og Nig.
Aspettarono la zattera che li avrebbe portati a Dawson.
De ventet på flåten som skulle frakte dem ned til Dawson.
Skeet era un piccolo setter irlandese che fece amicizia con Buck.
Skeet var en liten irsk setter som ble venner med Buck.
Buck era troppo debole e malato per resisterle al loro primo incontro.
Buck var for svak og syk til å motstå henne ved deres første møte.
Skeet aveva la caratteristica di guaritore che alcuni cani possiedono per natura.
Skeet hadde den helbredende egenskapen som noen hunder naturlig har.
Come una gatta, leccò e pulì le ferite aperte di Buck.
Som en kattemor slikket og renset hun Bucks sår.
Ogni mattina, dopo colazione, ripeteva il suo attento lavoro.
Hver morgen etter frokost gjentok hun sitt nøye arbeid.
Buck finì per aspettarsi il suo aiuto tanto quanto quello di Thornton.
Buck forventet hennes hjelp like mye som han forventet Thorntons hjelp.
Anche Nig era amichevole, ma meno aperto e meno affettuoso.
Nig var også vennlig, men mindre åpen og mindre hengiven.
Nig era un grosso cane nero, in parte segugio e in parte levriero.
Nig var en stor svart hund, delvis blodhund og delvis hjortehund.
Aveva occhi sorridenti e un'infinita bontà d'animo.

Han hadde leende øyne og en uendelig godhet i sinnet sitt.

Con sorpresa di Buck, nessuno dei due cani mostrò gelosia nei suoi confronti.

Til Bucks overraskelse viste ingen av hundene sjalusi mot ham.

Sia Skeet che Nig condividevano la gentilezza di John Thornton.

Både Skeet og Nig delte John Thorntons vennlighet.

Man mano che Buck diventava più forte, lo attiravano in stupidi giochi da cani.

Etter hvert som Buck ble sterkere, lokket de ham med på tåpelige hundeleker.

Anche Thornton giocava spesso con loro, incapace di resistere alla loro gioia.

Thornton lekte ofte med dem også, ute av stand til å motstå gleden deres.

In questo modo giocoso, Buck passò dalla malattia a una nuova vita.

På denne lekne måten gikk Buck fra sykdom til et nytt liv.

L'amore, quello vero, ardente e passionale, era finalmente suo.

Kjærligheten – ekte, brennende og lidenskapelig kjærlighet – var endelig hans.

Non aveva mai conosciuto questo tipo di amore nella tenuta di Miller.

Han hadde aldri kjent denne typen kjærlighet på Millers eiendom.

Con i figli del giudice aveva condiviso lavoro e avventure.

Med dommerens sønner hadde han delt arbeid og eventyr.

Nei nipoti notò un orgoglio rigido e vanitoso.

Hos barnebarna så han stiv og skrytende stolthet.

Con lo stesso giudice Miller aveva un rapporto di rispettosa amicizia.

Med dommer Miller selv hadde han et respektfullt vennskap.

Ma l'amore che era fuoco, follia e adorazione era ciò che accadeva con Thornton.

Men kjærlighet som var ild, galskap og tilbedelse kom med Thornton.
Quest'uomo aveva salvato la vita di Buck, e questo di per sé significava molto.
Denne mannen hadde reddet Bucks liv, og det alene betydde mye.
Ma più di questo, John Thornton era il tipo ideale di maestro.
Men mer enn det, var John Thornton den ideelle typen mester.
Altri uomini si prendevano cura dei cani per dovere o per necessità lavorative.
Andre menn tok seg av hunder av plikt eller forretningsmessig nødvendighet.
John Thornton si prendeva cura dei suoi cani come se fossero figli.
John Thornton tok vare på hundene sine som om de var barna hans.
Si prendeva cura di loro perché li amava e semplicemente non poteva farne a meno.
Han brydde seg om dem fordi han elsket dem og rett og slett ikke kunne noe for det.
John Thornton vide molto più lontano di quanto la maggior parte degli uomini riuscisse mai a vedere.
John Thornton så enda lenger enn de fleste menn noen gang klarte å se.
Non dimenticava mai di salutarli gentilmente o di pronunciare una parola di incoraggiamento.
Han glemte aldri å hilse vennlig på dem eller si et oppmuntrende ord.
Amava sedersi con i cani per fare lunghe chiacchierate, o "gassy", come diceva lui.
Han elsket å sitte ned med hundene for lange samtaler, eller «gassy», som han sa.
Gli piaceva afferrare bruscamente la testa di Buck tra le sue mani forti.
Han likte å gripe Bucks hode hardt mellom sine sterke hender.

Poi appoggiò la testa contro quella di Buck e lo scosse delicatamente.
Så hvilte han hodet mot Bucks og ristet ham forsiktig.
Nel frattempo, chiamava Buck con nomi volgari che per lui significavano affetto.
Hele tiden kalte han Buck frekke navn som betydde kjærlighet for Buck.
Per Buck, quell'abbraccio rude e quelle parole portarono una gioia profonda.
For Buck brakte den harde omfavnelsen og de ordene dyp glede.
A ogni movimento il suo cuore sembrava sussultare di felicità.
Hjertet hans syntes å riste løs av lykke ved hver bevegelse.
Quando poi balzò in piedi, la sua bocca sembrava ridere.
Da han spratt opp etterpå, så det ut som om munnen hans lo.
I suoi occhi brillavano intensamente e la sua gola tremava per una gioia inespressa.
Øynene hans skinte klart, og halsen hans skalv av uuttalt glede.
Il suo sorriso rimase immobile in quello stato di emozione e affetto ardente.
Smilet hans sto stille i den følelsesmessige og glødende hengivenheten.
Allora Thornton esclamò pensieroso: "Dio! Riesce quasi a parlare!"
Så utbrøt Thornton tankefullt: «Herregud! han kan nesten snakke!»
Buck aveva uno strano modo di esprimere l'amore che quasi gli causava dolore.
Buck hadde en merkelig måte å uttrykke kjærlighet på som nesten forårsaket smerte.
Spesso stringeva forte la mano di Thornton tra i denti.
Han grep ofte Thorntons hånd veldig hardt mellom tennene.
Il morso avrebbe lasciato segni profondi che sarebbero rimasti per qualche tempo.

Bittet kom til å sette dype spor som ble værende en stund etterpå.

Buck credeva che quei giuramenti fossero amore, e Thornton la pensava allo stesso modo.

Buck trodde at disse edene var kjærlighet, og Thornton visste det samme.

Il più delle volte, l'amore di Buck si manifestava in un'adorazione silenziosa, quasi silenziosa.

Som oftest viste Bucks kjærlighet seg i stille, nesten stille tilbedelse.

Sebbene fosse emozionato quando veniva toccato o gli si parlava, non cercava attenzione.

Selv om han ble begeistret når han ble berørt eller snakket til, søkte han ikke oppmerksomhet.

Skeet spinse il naso sotto la mano di Thornton finché lui non la accarezzò.

Skeet dyttet nesen sin under Thorntons hånd til han klappet henne.

Nig si avvicinò silenziosamente e appoggiò la sua grande testa sulle ginocchia di Thornton.

Nig gikk stille bort og hvilte sitt store hode på Thorntons kne.

Buck, al contrario, si accontentava di amare da una rispettosa distanza.

Buck, derimot, var fornøyd med å elske fra en respektfull avstand.

Rimase sdraiato per ore ai piedi di Thornton, vigile e attento.

Han lå i timevis ved Thorntons føtter, årvåken og observerende.

Buck studiò ogni dettaglio del volto del suo padrone, perfino il più piccolo movimento.

Buck studerte hver eneste detalj i sin herres ansikt og minste bevegelse.

Oppure sdraiati più lontano, studiando in silenzio la sagoma dell'uomo.

Eller løy lenger unna, og studerte mannens skikkelse i stillhet.

Buck osservava ogni piccolo movimento, ogni cambiamento di postura o di gesto.

Buck så på hver lille bevegelse, hver endring i holdning eller gest.

Questo legame era così potente che spesso catturava lo sguardo di Thornton.

Denne forbindelsen var så sterk at den ofte fanget Thorntons blikk.

Incontrò lo sguardo di Buck senza dire parole, e il suo amore traspariva chiaramente.

Han møtte Bucks blikk uten ord, kjærligheten skinte klart gjennom.

Per molto tempo dopo essere stato salvato, Buck non perse mai di vista Thornton.

I lang tid etter at han ble reddet, lot Buck aldri Thornton være ute av syne.

Ogni volta che Thornton usciva dalla tenda, Buck lo seguiva da vicino all'esterno.

Hver gang Thornton forlot teltet, fulgte Buck ham tett ut.

Tutti i severi padroni delle Terre del Nord avevano fatto sì che Buck non riuscisse più a fidarsi.

Alle de harde herrene i Nordlandet hadde gjort Buck redd for å stole på ham.

Temeva che nessun uomo potesse restare suo padrone se non per un breve periodo.

Han fryktet at ingen mann kunne forbli hans herre i mer enn en kort tid.

Temeva che John Thornton sarebbe scomparso come Perrault e François.

Han fryktet at John Thornton kom til å forsvinne i likhet med Perrault og François.

Anche di notte, la paura di perderlo tormentava il sonno agitato di Buck.

Selv om natten hjemsøkte frykten for å miste ham Bucks urolige søvn.

Quando Buck si svegliò, si trascinò fuori al freddo e andò nella tenda.

Da Buck våknet, krøp han ut i kulden og gikk til teltet.

Ascoltò attentamente il leggero suono del suo respiro interiore.
Han lyttet nøye etter den myke lyden av pust inni seg.
Nonostante il profondo amore di Buck per John Thornton, la natura selvaggia sopravvisse.
Til tross for Bucks dype kjærlighet til John Thornton, holdt villmarken seg i live.
Quell'istinto primitivo, risvegliatosi nel Nord, non scomparve.
Det primitive instinktet, vekket i Nord, forsvant ikke.
L'amore portava devozione, lealtà e il caldo legame attorno al fuoco.
Kjærlighet brakte hengivenhet, lojalitet og peisens varme bånd.
Ma Buck mantenne anche i suoi istinti selvaggi, acuti e sempre all'erta.
Men Buck beholdt også sine ville instinkter, skarpe og alltid årvåkne.
Non era solo un animale domestico addomesticato proveniente dalle dolci terre della civiltà.
Han var ikke bare et temmet kjæledyr fra sivilisasjonens myke land.
Buck era un essere selvaggio che si era seduto accanto al fuoco di Thornton.
Buck var et villvesen som hadde kommet inn for å sitte ved Thorntons bål.
Sembrava un cane del Southland, ma in lui albergava la natura selvaggia.
Han så ut som en sørlandshund, men det levde villskap i ham.
Il suo amore per Thornton era troppo grande per permettersi un furto da parte di quell'uomo.
Hans kjærlighet til Thornton var for stor til å tillate tyveri fra mannen.
Ma in qualsiasi altro campo ruberebbe con audacia e senza esitazione.
Men i enhver annen leir ville han stjele frimodig og uten stopp.

Era così abile nel rubare che nessuno riusciva a catturarlo o accusarlo.
Han var så lur i å stjele at ingen kunne fange eller anklage ham.
Il suo viso e il suo corpo erano coperti di cicatrici dovute a molti combattimenti passati.
Ansiktet og kroppen hans var dekket av arr fra mange tidligere kamper.
Buck continuava a combattere con ferocia, ma ora lo faceva con maggiore astuzia.
Buck kjempet fortsatt voldsomt, men nå kjempet han med mer list.
Skeet e Nig erano troppo docili per combattere, ed erano di Thornton.
Skeet og Nig var for snille til å slåss, og de var Thorntons.
Ma qualsiasi cane estraneo, non importa quanto forte o coraggioso, cedeva.
Men enhver fremmed hund, uansett hvor sterk eller modig den var, ga etter.
Altrimenti, il cane si ritrovò a combattere contro Buck, lottando per la propria vita.
Ellers måtte hunden kjempe mot Buck; kjempe for livet sitt.
Buck non ebbe pietà quando decise di combattere contro un altro cane.
Buck viste ingen nåde da han valgte å kjempe mot en annen hund.
Aveva imparato bene la legge del bastone e della zanna nel Nord.
Han hadde lært seg loven om kølle og hoggtenner godt i Nordlandet.
Non ha mai rinunciato a un vantaggio e non si è mai tirato indietro dalla battaglia.
Han ga aldri fra seg et forsprang og trakk seg aldri tilbake fra kamp.
Aveva studiato Spitz e i cani più feroci della polizia e della posta.

Han hadde studert spisshund og de mest voldsomme post- og politihundene.
Sapeva chiaramente che non esisteva via di mezzo in un combattimento selvaggio.
Han visste tydelig at det ikke fantes noen mellomvei i vill kamp.
Doveva governare o essere governato; mostrare misericordia significava mostrare debolezza.
Han måtte herske eller bli styrt; å vise barmhjertighet betydde å vise svakhet.
La pietà era sconosciuta nel mondo crudo e brutale della sopravvivenza.
Barmhjertighet var ukjent i den rå og brutale overlevelsesverdenen.
Mostrare pietà era visto come un atto di paura, e la paura conduceva rapidamente alla morte.
Å vise barmhjertighet ble sett på som frykt, og frykt førte raskt til døden.
La vecchia legge era semplice: uccidere o essere uccisi, mangiare o essere mangiati.
Den gamle loven var enkel: drep eller bli drept, spis eller bli spist.
Quella legge proveniva dalle profondità del tempo e Buck la seguì alla lettera.
Den loven kom fra tidens dyp, og Buck fulgte den fullt ut.
Buck era più vecchio dei suoi anni e del numero dei suoi respiri.
Buck var eldre enn årene han var og antall åndedrag han tok.
Collegava in modo chiaro il passato remoto con il momento presente.
Han koblet den gamle fortiden tydelig til nåtiden.
I ritmi profondi dei secoli si muovevano attraverso di lui come le maree.
Tidenes dype rytmer beveget seg gjennom ham som tidevannet.
Il tempo pulsava nel suo sangue con la stessa sicurezza con cui le stagioni muovevano la terra.

Tiden pulserte i blodet hans like sikkert som årstidene beveget jorden.

Sedeva accanto al fuoco di Thornton, con il petto forte e le zanne bianche.

Han satt ved Thorntons peis, med kraftig bryst og hvite hoggtenner.

La sua lunga pelliccia ondeggiava, ma dietro di lui lo osservavano gli spiriti dei cani selvatici.

Den lange pelsen hans blafret, men bak ham så ville hunders ånder på.

Lupi mezzi e lupi veri si agitavano nel suo cuore e nei suoi sensi.

Halvulver og hele ulver rørte seg i hjertet og sansene hans.

Assaggiarono la sua carne e bevvero la stessa acqua che bevve lui.

De smakte på kjøttet hans og drakk det samme vannet som han gjorde.

Annusarono il vento insieme a lui e ascoltarono la foresta.

De snuste i vinden ved siden av ham og lyttet til skogen.

Sussurravano il significato dei suoni selvaggi nell'oscurità.

De hvisket betydningen av de ville lydene i mørket.

Modellavano il suo umore e guidavano ciascuna delle sue reazioni silenziose.

De formet humøret hans og styrte hver av hans stille reaksjoner.

Giacevano accanto a lui mentre dormiva e diventavano parte dei suoi sogni profondi.

De lå hos ham mens han sov, og ble en del av hans dype drømmer.

Sognavano con lui, oltre lui, e costituivano il suo stesso spirito.

De drømte med ham, forbi ham, og skapte selve hans ånd.

Gli spiriti della natura selvaggia chiamavano con tanta forza che Buck si sentì attratto.

Villmarkens ånder ropte så sterkt at Buck følte seg dratt.

Ogni giorno che passava, l'umanità e le sue rivendicazioni si indebolivano nel cuore di Buck.

Hver dag ble menneskeheten og dens krav svakere i Bucks hjerte.
Nel profondo della foresta si stava per udire un richiamo strano ed emozionante.
Dypt inne i skogen skulle et merkelig og spennende rop komme.
Ogni volta che sentiva la chiamata, Buck provava un impulso a cui non riusciva a resistere.
Hver gang han hørte kallet, følte Buck en trang han ikke kunne motstå.
Avrebbe voltato le spalle al fuoco e ai sentieri battuti dagli uomini.
Han skulle vende seg bort fra ilden og bort fra de opptråkkede menneskeveiene.
Stava per addentrarsi nella foresta, avanzando senza sapere il perché.
Han skulle til å stupe inn i skogen, fortsette uten å vite hvorfor.
Non mise in discussione questa attrazione, perché la chiamata era profonda e potente.
Han stilte ikke spørsmål ved denne tiltrekningen, for kallet var dypt og kraftfullt.
Spesso raggiungeva l'ombra verde e la terra morbida e intatta
Ofte nådde han den grønne skyggen og den myke, uberørte jorden
Ma poi il forte amore per John Thornton lo riportò al fuoco.
Men så trakk den sterke kjærligheten til John Thornton ham tilbake til ilden.
Soltanto John Thornton riuscì davvero a tenere stretto il cuore selvaggio di Buck.
Bare John Thornton holdt virkelig Bucks ville hjerte i sitt grep.
Per Buck il resto dell'umanità non aveva alcun valore o significato duraturo.
Resten av menneskeheten hadde ingen varig verdi eller mening for Buck.

Gli sconosciuti potrebbero lodarlo o accarezzargli la pelliccia con mani amichevoli.
Fremmede kan rose ham eller stryke pelsen hans med vennlige hender.
Buck rimase impassibile e se ne andò per eccesso di affetto.
Buck forble urørt og gikk sin vei på grunn av for mye hengivenhet.
Hans e Pete arrivarono con la zattera che era stata attesa a lungo
Hans og Pete ankom med flåten som lenge hadde vært etterlengtet
Buck li ignorò finché non venne a sapere che erano vicini a Thornton.
Buck ignorerte dem helt til han fikk vite at de var i nærheten av Thornton.
Da allora in poi li tollerò, ma non dimostrò mai loro tutto il suo calore.
Etter det tolererte han dem, men viste dem aldri full varme.
Accettava da loro cibo o gentilezza come se volesse fare loro un favore.
Han tok imot mat eller vennlighet fra dem som om han gjorde dem en tjeneste.
Erano come Thornton: semplici, onesti e lucidi nei pensieri.
De var som Thornton – enkle, ærlige og klare i tankene.
Tutti insieme viaggiarono verso la segheria di Dawson e il grande vortice
Alle sammen reiste de til Dawsons sagbruk og den store virvelen
Nel corso del loro viaggio impararono a comprendere profondamente la natura di Buck.
På reisen lærte de å forstå Bucks natur dypt.
Non cercarono di avvicinarsi come avevano fatto Skeet e Nig.
De prøvde ikke å komme nærmere hverandre slik Skeet og Nig hadde gjort.
Ma l'amore di Buck per John Thornton non fece che aumentare con il tempo.

Men Bucks kjærlighet til John Thornton ble bare dypere over tid.
Solo Thornton poteva mettere uno zaino sulla schiena di Buck durante l'estate.
Bare Thornton kunne legge en pakke på Bucks rygg om sommeren.
Buck era disposto a eseguire senza riserve qualsiasi ordine impartito da Thornton.
Uansett hva Thornton beordret, var Buck villig til å gjøre fullt ut.
Un giorno, dopo aver lasciato Dawson per le sorgenti del Tanana,
En dag, etter at de forlot Dawson for å dra til Tanana-elvens kilder,
il gruppo era seduto su una rupe che scendeva per un metro fino a raggiungere la nuda roccia.
Gruppen satt på en klippe som falt en meter ned til bart fjellgrunn.
John Thornton si sedette vicino al bordo e Buck si riposò accanto a lui.
John Thornton satt nær kanten, og Buck hvilte ved siden av ham.
Thornton ebbe un'idea improvvisa e richiamò l'attenzione degli uomini.
Thornton fikk en plutselig tanke og tiltrakk seg mennenes oppmerksomhet.
Indicò l'altro lato del baratro e diede a Buck un unico comando.
Han pekte over kløften og ga Buck én kommando.
"Salta, Buck!" disse, allungando il braccio oltre il precipizio.
«Hopp, Buck!» sa han og svingte armen ut over stupet.
Un attimo dopo dovette afferrare Buck, che stava saltando per obbedire.
I et øyeblikk måtte han gripe tak i Buck, som spratt for å adlyde.
Hans e Pete si precipitarono in avanti e tirarono entrambi indietro per metterli in salvo.

Hans og Pete løp frem og dro begge tilbake i sikkerhet.
Dopo che tutto fu finito e che ebbero ripreso fiato, Pete prese la parola.
Etter at alt var over, og de hadde fått igjen pusten, tok Pete til orde.
«È un amore straordinario», disse, scosso dalla feroce devozione del cane.
«Kjærligheten er uhyggelig», sa han, rystet av hundens voldsomme hengivenhet.
Thornton scosse la testa e rispose con calma e serietà.
Thornton ristet på hodet og svarte med rolig alvor.
«No, l'amore è splendido», disse, «ma anche terribile».
«Nei, kjærligheten er fantastisk», sa han, «men også forferdelig.»
"A volte, devo ammetterlo, questo tipo di amore mi fa paura."
«Noen ganger må jeg innrømme at denne typen kjærlighet gjør meg redd.»
Pete annuì e disse: "Mi dispiacerebbe tanto essere l'uomo che ti tocca".
Pete nikket og sa: «Jeg ville hate å være mannen som rører deg.»
Mentre parlava, guardava Buck con aria seria e piena di rispetto.
Han så på Buck mens han snakket, alvorlig og full av respekt.
"Py Jingo!" esclamò Hans in fretta. "Neanch'io, no signore."
«Py Jingo!» sa Hans raskt. «Jeg heller ikke, nei, sir.»

Prima che finisse l'anno, i timori di Pete si avverarono a Circle City.
Før året var omme, gikk Petes frykt i oppfyllelse i Circle City.
Un uomo crudele di nome Black Burton attaccò una rissa nel bar.
En grusom mann ved navn Black Burton startet en slåsskamp i baren.
Era arrabbiato e cattivo, e si scagliava contro un novellino.
Han var sint og ondsinnet, og slo til mot en ny følsom fot.

John Thornton intervenne, calmo e bonario come sempre.
John Thornton trådte til, rolig og godlynt som alltid.
Buck giaceva in un angolo, con la testa bassa, e osservava Thornton attentamente.
Buck lå i et hjørne med hodet bøyd og fulgte nøye med på Thornton.
Burton colpì all'improvviso e il suo pugno fece girare Thornton.
Burton slo plutselig til, og slaget hans fikk Thornton til å snurre rundt.
Solo la ringhiera della sbarra gli impedì di cadere violentemente a terra.
Bare rekkverket på stangen hindret ham i å krasje hardt i bakken.
Gli osservatori hanno sentito un suono che non era un abbaio o un guaito
Observatørene hørte en lyd som ikke var bjeffing eller hyling
Buck emise un profondo ruggito mentre si lanciava verso l'uomo.
et dypt brøl kom fra Buck idet han løp mot mannen.
Burton alzò il braccio e per poco non si salvò la vita.
Burton kastet armen opp og reddet så vidt sitt eget liv.
Buck si schiantò contro di lui, facendolo cadere a terra.
Buck krasjet inn i ham og slo ham flatt i gulvet.
Buck gli diede un morso profondo al braccio, poi si lanciò alla gola.
Buck bet dypt inn i mannens arm, og kastet seg deretter etter strupen.
Burton riuscì a parare solo in parte e il suo collo fu squarciato.
Burton kunne bare delvis blokkere, og nakken hans ble revet opp.
Gli uomini si precipitarono dentro, brandendo i manganelli e allontanarono Buck dall'uomo sanguinante.
Menn stormet inn, heiste køllene og drev Buck av den blødende mannen.

Un chirurgo ha lavorato rapidamente per impedire che il sangue fuoriuscisse.
En kirurg jobbet raskt for å stoppe blodet fra å renne ut.
Buck camminava avanti e indietro ringhiando, tentando di attaccare ancora e ancora.
Buck gikk frem og tilbake og knurret, og prøvde å angripe igjen og igjen.
Soltanto i bastoni oscillanti gli impedirono di raggiungere Burton.
Bare svingende køller hindret ham i å nå Burton.
Proprio lì, sul posto, venne convocata una riunione dei minatori.
Et gruvearbeidermøte ble innkalt og holdt rett der på stedet.
Concordarono sul fatto che Buck era stato provocato e votarono per liberarlo.
De var enige om at Buck hadde blitt provosert og stemte for å sette ham fri.
Ma il nome feroce di Buck risuonava ormai in ogni accampamento dell'Alaska.
Men Bucks sterke navn ga nå gjenlyd i hver leir i Alaska.
Più tardi, quello stesso autunno, Buck salvò Thornton di nuovo in un modo nuovo.
Senere samme høst reddet Buck Thornton igjen på en ny måte.
I tre uomini stavano guidando una lunga barca lungo delle rapide impetuose.
De tre mennene styrte en lang båt nedover røffe stryk.
Thornton manovrava la barca, gridando indicazioni per raggiungere la riva.
Thornton manøvrerte båten og ropte veibeskrivelse til strandlinjen.
Hans e Pete correvano sulla terraferma, tenendo una corda da un albero all'altro.
Hans og Pete løp på land og holdt et tau fra tre til tre.
Buck procedeva a passo d'uomo sulla riva, tenendo sempre d'occhio il suo padrone.
Buck holdt tritt på bredden og holdt alltid øye med herren sin.

In un punto pericoloso, delle rocce sporgevano dall'acqua veloce.
På et stygt sted stakk steiner ut under det raske vannet.
Hans lasciò andare la cima e Thornton tirò la barca verso la larghezza.
Hans slapp tauet, og Thornton styrte båten vidt.
Hans corse a percorrerla di nuovo, superando le pericolose rocce.
Hans spurtet for å rekke båten igjen forbi de farlige steinene.
La barca superò la sporgenza ma trovò una corrente più forte.
Båten passerte avsatsen, men traff en sterkere del av strømmen.
Hans afferrò la cima troppo velocemente e fece perdere l'equilibrio alla barca.
Hans grep tak i tauet for fort og dro båten ut av balanse.
La barca si capovolse e sbatté contro la riva, con la parte inferiore rivolta verso l'alto.
Båten kantet og smalt inn i bredden, med bunnen opp.
Thornton venne scaraventato fuori e trascinato nella parte più selvaggia dell'acqua.
Thornton ble kastet ut og feid opp i den villeste delen av vannet.
Nessun nuotatore sarebbe sopravvissuto in quelle acque pericolose e pericolose.
Ingen svømmer kunne ha overlevd i det dødelige, kappløpende vannet.
Buck si lanciò all'istante e inseguì il suo padrone lungo il fiume.
Buck hoppet umiddelbart inn og jaget herren sin nedover elven.
Dopo trecento metri finalmente raggiunse Thornton.
Etter tre hundre meter nådde han endelig Thornton.
Thornton afferrò la coda di Buck, e Buck si diresse verso la riva.
Thornton grep tak i Bucks hale, og Buck snudde seg mot land.

Nuotò con tutte le sue forze, lottando contro la forte resistenza dell'acqua.
Han svømte med full styrke, og kjempet mot vannets ville drag.
Si spostarono verso valle più velocemente di quanto riuscissero a raggiungere la riva.
De beveget seg nedstrøms raskere enn de kunne nå kysten.
Più avanti, il fiume ruggiva più forte, precipitando in rapide mortali.
Foran brølte elven høyere idet den falt ned i dødelige stryk.
Le rocce fendevano l'acqua come i denti di un enorme pettine.
Steiner skar gjennom vannet som tennene på en enorm kam.
La forza di attrazione dell'acqua nei pressi del dislivello era selvaggia e ineluttabile.
Vanndraget nær dråpen var voldsomt og uunngåelig.
Thornton sapeva che non sarebbero mai riusciti a raggiungere la riva in tempo.
Thornton visste at de aldri ville komme i land i tide.
Raschiò una roccia, ne sbatté una seconda,
Han skrapte over én stein, slo over en annen,
Poi si schiantò contro una terza roccia, afferrandola con entrambe le mani.
Og så krasjet han inn i en tredje stein og grep den med begge hender.
Lasciò andare Buck e urlò sopra il ruggito: "Vai, Buck! Vai!"
Han slapp taket i Buck og ropte over brølet: «Gå, Buck! Gå!»
Buck non riuscì a restare a galla e fu trascinato dalla corrente.
Buck klarte ikke å holde seg flytende og ble revet med av strømmen.
Lottò con tutte le sue forze, cercando di girarsi, ma non fece alcun progresso.
Han kjempet hardt, slet med å snu, men gjorde ingen fremgang i det hele tatt.
Poi sentì Thornton ripetere il comando sopra il fragore del fiume.

Så hørte han Thornton gjenta kommandoen over elvens brøl.
Buck si impennò fuori dall'acqua e sollevò la testa come per dare un'ultima occhiata.
Buck steg opp av vannet og løftet hodet som for å kaste et siste blikk.
poi si voltò e obbedì, nuotando verso la riva con risolutezza.
så snudde han seg og adlød, og svømte besluttsomt mot bredden.
Pete e Hans lo tirarono a riva all'ultimo momento possibile.
Pete og Hans dro ham i land i siste liten.
Sapevano che Thornton avrebbe potuto aggrapparsi alla roccia solo per pochi minuti.
De visste at Thornton bare kunne klamre seg til fjellet i noen minutter til.
Corsero su per la riva fino a un punto molto più in alto rispetto al punto in cui lui era appeso.
De løp opp langs bredden til et sted langt over der han hang.
Legarono con cura la cima della barca al collo e alle spalle di Buck.
De bandt båtens line forsiktig til Bucks nakke og skuldre.
La corda era stretta ma abbastanza larga da permettere di respirare e muoversi.
Tauet var stramt, men løst nok til å puste og bevege seg.
Poi lo gettarono di nuovo nel fiume impetuoso e mortale.
Så kastet de ham ut i den brusende, dødelige elven igjen.
Buck nuotò coraggiosamente ma non riuscì a prendere l'angolazione giusta per affrontare la forza della corrente.
Buck svømte dristig, men bommet på vinkelen inn i strømmens kraft.
Si accorse troppo tardi che stava per superare Thornton.
Han så for sent at han kom til å drive forbi Thornton.
Hans tirò forte la corda, come se Buck fosse una barca che si capovolge.
Hans stramt i tauet, som om Buck var en kantret båt.
La corrente lo trascinò sott'acqua e lui scomparve sotto la superficie.
Strømmen dro ham ned, og han forsvant under overflaten.

Il suo corpo colpì la riva prima che Hans e Pete lo tirassero fuori.
Kroppen hans traff banken før Hans og Pete dro ham ut.
Era mezzo annegato e gli tolsero l'acqua dal corpo.
Han var halvt druknet, og de hamret vannet ut av ham.
Buck si alzò, barcollò e crollò di nuovo a terra.
Buck reiste seg, sjanglet og falt sammen igjen på bakken.
Poi udirono la voce di Thornton portata debolmente dal vento.
Så hørte de Thorntons stemme, svakt båret av vinden.
Sebbene le parole non fossero chiare, sapevano che era vicino alla morte.
Selv om ordene var uklare, visste de at han var døden nær.
Il suono della voce di Thornton colpì Buck come una scossa elettrica.
Lyden av Thorntons stemme traff Buck som et elektrisk støt.
Saltò in piedi e corse su per la riva, tornando al punto di partenza.
Han hoppet opp og løp opp langs bredden, tilbake til utskytningspunktet.
Legarono di nuovo la corda a Buck, e di nuovo lui entrò nel fiume.
Igjen bandt de tauet til Buck, og igjen gikk han ut i bekken.
Questa volta nuotò direttamente e con decisione nell'acqua impetuosa.
Denne gangen svømte han rett og bestemt ut i det brusende vannet.
Hans lasciò scorrere la corda con regolarità, mentre Pete impediva che si aggrovigliasse.
Hans slapp tauet jevnt ut mens Pete hindret det i å floke seg.
Buck nuotò con forza finché non si trovò allineato appena sopra Thornton.
Buck svømte fort helt til han sto i kø rett over Thornton.
Poi si voltò e si lanciò verso di lui come un treno a tutta velocità.
Så snudde han seg og løp nedover som et tog i full fart.
Thornton lo vide arrivare, si preparò e gli abbracciò il collo.

Thornton så ham komme, forberedt og låste armene rundt halsen hans.

Hans legò saldamente la corda attorno a un albero mentre entrambi venivano tirati sott'acqua.

Hans bandt tauet fast rundt et tre idet begge ble trukket under.

Caddero sott'acqua, schiantandosi contro rocce e detriti del fiume.

De falt under vann og traff steiner og elveavfall.

Un attimo prima Buck era in cima e un attimo dopo Thornton si alzava ansimando.

Det ene øyeblikket var Buck på toppen, det neste reiste Thornton seg gispet.

Malconci e soffocati, si diressero verso la riva e si misero in salvo.

Forslåtte og kvalte, svingte de mot bredden og sikkerheten.

Thornton riprese conoscenza mentre era sdraiato su un tronco alla deriva.

Thornton gjenvant bevisstheten, liggende over en drivstokk.

Hans e Pete lavorarono duramente per riportarlo a respirare e a vivere.

Hans og Pete jobbet hardt med ham for å få tilbake pusten og livet.

Il suo primo pensiero fu per Buck, che giaceva immobile e inerte.

Hans første tanke var om Buck, som lå ubevegelig og slapp.

Nig ululò sul corpo di Buck e Skeet gli leccò delicatamente il viso.

Nig hylte over Bucks kropp, og Skeet slikket ham forsiktig i ansiktet.

Thornton, dolorante e contuso, esaminò Buck con mano attenta.

Thornton, sår og forslått, undersøkte Buck med forsiktige hender.

Ha trovato tre costole rotte, ma il cane non presentava ferite mortali.

Han fant tre brukne ribbein, men ingen dødelige sår hos hunden.

"Questo è tutto", disse Thornton. "Ci accamperemo qui". E così fecero.

«Det avgjør saken», sa Thornton. «Vi camper her.» Og det gjorde de.

Rimasero lì finché le costole di Buck non guarirono e lui poté di nuovo camminare.

De ble værende til Bucks ribbein var grodd og han kunne gå igjen.

Quell'inverno Buck compì un'impresa che accrebbe ulteriormente la sua fama.

Den vinteren utførte Buck en bragd som økte berømmelsen hans ytterligere.

Fu un gesto meno eroico del salvataggio di Thornton, ma altrettanto impressionante.

Det var mindre heroisk enn å redde Thornton, men like imponerende.

A Dawson, i soci avevano bisogno di provviste per un viaggio lontano.

I Dawson trengte partnerne forsyninger til en fjern reise.

Volevano viaggiare verso est, in terre selvagge e incontaminate.

De ville reise østover, inn i uberørte villmarker.

Quel viaggio fu possibile grazie all'impresa compiuta da Buck nell'Eldorado Saloon.

Bucks gjerning i Eldorado Saloon gjorde den turen mulig.

Tutto cominciò con degli uomini che si vantavano dei loro cani bevendo qualcosa.

Det begynte med menn som skrøt av hundene sine over drinker.

La fama di Buck lo rese bersaglio di sfide e dubbi.

Bucks berømmelse gjorde ham til mål for utfordringer og tvil.

Thornton, fiero e calmo, rimase fermo nel difendere il nome di Buck.

Thornton, stolt og rolig, forsvarte Bucks navn standhaftig.

Un uomo ha affermato che il suo cane riusciva a trainare facilmente duecentocinquanta chili.
En mann sa at hunden hans lett kunne trekke fem hundre pund.
Un altro disse seicento, e un terzo si vantò di settecento.
En annen sa seks hundre, og en tredje skrøt av syv hundre.
"Pfft!" disse John Thornton, "Buck può trainare una slitta da mille libbre."
«Pfft!» sa John Thornton, «Buck kan trekke en slede på tusen pund.»
Matthewson, un Bonanza King, si sporse in avanti e lo sfidò.
Matthewson, en Bonanza-konge, lente seg frem og utfordret ham.
"Pensi che possa spostare tutto quel peso?"
«Tror du han kan legge så mye vekt i bevegelse?»
"E pensi che riesca a sollevare il peso per cento metri?"
«Og du tror han kan trekke vekten hele hundre meter?»
Thornton rispose freddamente: "Sì. Buck è abbastanza cane da farlo."
Thornton svarte kjølig: «Ja. Buck er hund nok til å gjøre det.»
"Metterà in moto mille libbre e la tirerà per cento metri."
«Han setter tusen pund i bevegelse og trekker det hundre meter.»
Matthewson sorrise lentamente e si assicurò che tutti gli uomini udissero le sue parole.
Matthewson smilte sakte og sørget for at alle mennene hørte ordene hans.
"Ho mille dollari che dicono che non può. Eccoli."
«Jeg har tusen dollar som sier at han ikke kan. Der er de.»
Sbatté sul bancone un sacco di polvere d'oro grande quanto una salsiccia.
Han slengte en sekk med gullstøv på størrelse med en pølse i baren.
Nessuno disse una parola. Il silenzio si fece pesante e teso intorno a loro.
Ingen sa et ord. Stillheten ble tung og anspent rundt dem.
Il bluff di Thornton, se mai lo fu, era stato preso sul serio.

Thorntons bløff – hvis det var en – hadde blitt tatt alvorlig.
Sentì il calore salirgli al viso mentre il sangue gli affluiva alle guance.
Han kjente varmen stige i ansiktet idet blodet strømmet opp i kinnene hans.
In quel momento la sua lingua aveva preceduto la ragione.
Tungen hans hadde kommet fornuften i forkjøpet i det øyeblikket.
Non sapeva davvero se Buck sarebbe riuscito a spostare mille libbre.
Han visste virkelig ikke om Buck kunne flytte tusen pund.
Mezza tonnellata! Solo la sua mole gli faceva sentire il cuore pesante.
Et halvt tonn! Bare størrelsen på den gjorde hjertet hans tungt.
Aveva fiducia nella forza di Buck e lo riteneva capace.
Han hadde tro på Bucks styrke og hadde trodd at han var dyktig.
Ma non aveva mai affrontato una sfida di questo tipo, non in questo modo.
Men han hadde aldri møtt denne typen utfordring, ikke som denne.
Una dozzina di uomini lo osservavano in silenzio, in attesa di vedere cosa avrebbe fatto.
Et dusin menn så stille på ham og ventet på å se hva han ville gjøre.
Lui non aveva i soldi, e nemmeno Hans e Pete.
Han hadde ikke penger – verken Hans eller Pete hadde det.
"Ho una slitta fuori", disse Matthewson in modo freddo e diretto.
«Jeg har en kjelke utenfor», sa Matthewson kaldt og direkte.
"È carico di venti sacchi, da cinquanta libbre ciascuno, tutti di farina.
«Den er lastet med tjue sekker, femti pund hver, bare mel.»
Quindi non lasciare che la scomparsa della slitta diventi la tua scusa", ha aggiunto.
Så ikke la en savnet slede være din unnskyldning nå,» la han til.

Thornton rimase in silenzio. Non sapeva che parole dire.
Thornton sto stille. Han visste ikke hvilke ord han skulle si.
Guardò i volti intorno a sé senza vederli chiaramente.
Han så seg rundt på ansiktene uten å se dem tydelig.
Sembrava un uomo immerso nei suoi pensieri, che cercava di ripartire.
Han så ut som en mann som var fastlåst i tanker og prøvde å starte på nytt.
Poi incontrò Jim O'Brien, un amico dei tempi dei Mastodon.
Så så han Jim O'Brien, en venn fra Mastodon-dagene.
Quel volto familiare gli diede un coraggio che non sapeva di avere.
Det kjente ansiktet ga ham mot han ikke visste han hadde.
Si voltò e chiese a bassa voce: "Puoi prestarmi mille dollari?"
Han snudde seg og spurte med lav stemme: «Kan du låne meg tusen?»
"Certo", disse O'Brien, lasciando cadere un pesante sacco vicino all'oro.
«Jada,» sa O'Brien, og slapp allerede en tung sekk ved siden av gullet.
"Ma sinceramente, John, non credo che la bestia possa fare questo."
«Men ærlig talt, John, jeg tror ikke at udyret kan gjøre dette.»
Tutti quelli presenti all'Eldorado Saloon si precipitarono fuori per assistere all'evento.
Alle i Eldorado Saloon løp ut for å se arrangementet.
Lasciarono tavoli e bevande e perfino le partite furono sospese.
De forlot bord og drinker, og til og med kampene ble satt på pause.
Croupier e giocatori accorsero per assistere alla conclusione di questa audace scommessa.
Dealere og gamblere kom for å være vitne til slutten av det dristige veddemålet.
Centinaia di persone si radunarono attorno alla slitta sulla strada ghiacciata.
Hundrevis samlet seg rundt sleden på den isete åpne gaten.

La slitta di Matthewson era carica di un carico completo di sacchi di farina.
Matthewsons slede sto med en full last med melsekker.

La slitta era rimasta ferma per ore a temperature sotto lo zero.
Snøscooteren hadde stått i timevis i minustemperaturer.

I pattini della slitta erano congelati e incollati alla neve compatta.
Snøscooterens meder var frosset fast til den pakkete snøen.

Gli uomini scommettevano due a uno che Buck non sarebbe riuscito a spostare la slitta.
Mennene ga to til én odds på at Buck ikke kunne flytte sleden.

Scoppiò una disputa su cosa significasse realmente "break out".
Det oppsto en krangel om hva «utbrudd» egentlig betydde.

O'Brien ha affermato che Thornton dovrebbe allentare la base ghiacciata della slitta.
O'Brien sa at Thornton burde løsne sledens frosne bunn.

Buck potrebbe quindi "rompere" una partenza solida e immobile.
Buck kunne da «bryte ut» fra en solid, stillestående start.

Matthewson sosteneva che anche il cane doveva liberare i corridori.
Matthewson argumenterte at hunden også måtte rive løperne løs.

Gli uomini che avevano sentito la scommessa concordavano con Matthewson.
Mennene som hadde hørt veddemålet var enige i Matthewsons syn.

Con questa sentenza, le probabilità contro Buck salirono a tre a uno.
Med den kjennelsen hoppet oddsen til tre mot én mot Buck.

Nessuno si fece avanti per accettare le crescenti quote di tre a uno.
Ingen tok imot den økende oddsen på tre til én.

Nessuno credeva che Buck potesse compiere la grande impresa.

Ikke en eneste mann trodde Buck kunne utføre den store bragden.
Thornton era stato spinto a scommettere, pieno di dubbi.
Thornton hadde blitt forhastet inn i veddemålet, tynget av tvil.
Ora guardava la slitta e la muta di dieci cani accanto ad essa.
Nå så han på sleden og tihunders spannet ved siden av den.
Vedere la realtà del compito lo faceva sembrare ancora più impossibile.
Å se oppgavens realitet gjorde den mer umulig.
In quel momento Matthewson era pieno di orgoglio e sicurezza.
Matthewson var full av stolthet og selvtillit i det øyeblikket.
"Tre a uno!" urlò. "Ne scommetto altri mille, Thornton!
«Tre mot én!» ropte han. «Jeg vedder på tusen til, Thornton!»
"Cosa dici?" aggiunse, abbastanza forte da farsi sentire da tutti.
«Hva sier du?» la han til, høyt nok til at alle kunne høre det.
Il volto di Thornton esprimeva i suoi dubbi, ma il suo spirito era sollevato.
Thorntons ansikt viste tvilen hans, men motet hans hadde steget.
Quello spirito combattivo ignorava le avversità e non temeva nulla.
Den kampånden ignorerte odds og fryktet ingenting i det hele tatt.
Chiamò Hans e Pete perché portassero tutti i loro soldi al tavolo.
Han ringte Hans og Pete for å få alle pengene sine til bordet.
Non gli era rimasto molto altro: solo duecento dollari in tutto.
De hadde lite igjen – bare to hundre dollar til sammen.
Questa piccola somma costituiva la loro intera fortuna nei momenti difficili.
Denne lille summen var deres totale formue i vanskelige tider.
Ciononostante puntarono tutta la loro fortuna contro la scommessa di Matthewson.
Likevel satset de hele formuen mot Matthewsons veddemål.

La muta composta da dieci cani venne sganciata e allontanata dalla slitta.
Tihunders spannet ble løsnet og beveget seg bort fra sleden.
Buck venne messo alle redini, indossando la sua consueta imbracatura.
Buck ble plassert i tømmene, iført sin kjente sele.
Aveva colto l'energia della folla e ne aveva percepito la tensione.
Han hadde fanget energien i mengden og følt spenningen.
In qualche modo sapeva che doveva fare qualcosa per John Thornton.
På en eller annen måte visste han at han måtte gjøre noe for John Thornton.
La gente mormorava ammirata di fronte alla figura fiera del cane.
Folk mumlet av beundring over hundens stolte skikkelse.
Era magro e forte, senza un solo grammo di carne in più.
Han var slank og sterk, uten et eneste unse ekstra kjøtt.
Il suo peso di centocinquanta chili era sinonimo di potenza e resistenza.
Hans fulle vekt på hundre og femti pund var ren kraft og utholdenhet.
Il mantello di Buck brillava come la seta, denso di salute e forza.
Bucks pels glitret som silke, tykk av helse og styrke.
La pelliccia sul collo e sulle spalle sembrava sollevarsi e drizzarsi.
Pelsen langs nakken og skuldrene hans syntes å løfte seg og buse.
La sua criniera si muoveva leggermente, ogni capello era animato dalla sua grande energia.
Manen hans beveget seg litt, hvert hårstrå levende med hans store energi.
Il suo petto ampio e le sue gambe forti si sposavano bene con la sua corporatura pesante e robusta.
Hans brede brystkasse og sterke ben passet til den tunge, robuste kroppen hans.

I muscoli si tesero sotto il cappotto, tesi e sodi come ferro legato.
Musklene bølget under frakken hans, stramme og faste som bundet jern.
Gli uomini lo toccavano e giuravano che era fatto come una macchina d'acciaio.
Menn berørte ham og sverget på at han var bygd som en stålmaskin.
Le probabilità contro il grande cane sono scese leggermente a due a uno.
Oddsen falt litt til to mot én mot den flotte hunden.
Un uomo dei banchi di Skookum si fece avanti balbettando.
En mann fra Skookum-benkene dyttet seg frem, stammende.
"Bene, signore! Offro ottocento per lui... prima della prova, signore!"
«Bra, herre! Jeg tilbyr åtte hundre for ham – før testen, herre!»
"Ottocento, così com'è adesso!" insistette l'uomo.
«Åtte hundre, slik han står akkurat nå!» insisterte mannen.
Thornton fece un passo avanti, sorrise e scosse la testa con calma.
Thornton gikk frem, smilte og ristet rolig på hodet.
Matthewson intervenne rapidamente con tono ammonitore e aggrottando la fronte.
Matthewson grep raskt inn med en advarende stemme og rynket pannen.
"Devi allontanarti da lui", disse. "Dagli spazio."
«Du må ta et skritt unna ham», sa han. «Gi ham plass.»
La folla tacque; solo i giocatori continuavano a offrire due a uno.
Publikum ble stille; bare spillerne tilbød fortsatt to mot én.
Tutti ammiravano la corporatura di Buck, ma il carico sembrava troppo pesante.
Alle beundret Bucks kroppsbygning, men lasten så for stor ut.
Venti sacchi di farina, ciascuno del peso di cinquanta libbre, sembravano decisamente troppi.
Tjue sekker med mel – hver på femti pund – virket altfor mye.

Nessuno era disposto ad aprire la borsa e a rischiare i propri soldi.
Ingen var villig til å åpne posen sin og risikere pengene sine.
Thornton si inginocchiò accanto a Buck e gli prese la testa tra entrambe le mani.
Thornton knelte ved siden av Buck og tok hodet hans i begge hender.
Premette la guancia contro quella di Buck e gli parlò all'orecchio.
Han presset kinnet mot Bucks og snakket inn i øret hans.
Non c'erano più né scossoni giocosi né insulti affettuosi sussurrati.
Det var ingen leken risting eller hviskede kjærlige fornærmelser nå.
Mormorò solo dolcemente: "Quanto mi ami, Buck."
Han mumlet bare lavt: «Så mye som du elsker meg, Buck.»
Buck emise un gemito sommesso, trattenendo a stento la sua impazienza.
Buck hylte lavt, iveren hans knapt undertrykt.
Gli astanti osservavano con curiosità la tensione che aleggiava nell'aria.
Tilskuerne så nysgjerrig på mens spenningen fylte luften.
Quel momento sembrava quasi irreale, qualcosa che trascendeva la ragione.
Øyeblikket føltes nesten uvirkelig, som noe hinsides all fornuft.
Quando Thornton si alzò, Buck gli prese delicatamente la mano tra le fauci.
Da Thornton reiste seg, tok Buck forsiktig hånden hans mellom kjevene sine.
Premette con i denti, poi lasciò andare lentamente e delicatamente.
Han presset ned med tennene, og slapp deretter sakte og forsiktig.
Fu una risposta silenziosa d'amore, non detta, ma compresa.
Det var et stille svar av kjærlighet, ikke uttalt, men forstått.
Thornton si allontanò di molto dal cane e diede il segnale.

Thornton trakk seg godt tilbake fra hunden og ga signalet.
"Ora, Buck", disse, e Buck rispose con calma concentrata.
«Nå, Buck», sa han, og Buck svarte med fokusert ro.
Buck tese le corde, poi le allentò di qualche centimetro.
Buck strammet skinnene, og løsnet dem deretter noen centimeter.
Questo era il metodo che aveva imparato; il suo modo per rompere la slitta.
Dette var metoden han hadde lært; hans måte å brekke sleden på.
"Caspita!" urlò Thornton, con voce acuta nel silenzio pesante.
«Herregud!» ropte Thornton, med skarp stemme i den tunge stillheten.
Buck si girò verso destra e si lanciò con tutto il suo peso.
Buck snudde seg til høyre og kastet seg ut med all sin vekt.
Il gioco svanì e tutta la massa di Buck colpì le timonerie strette.
Slakken forsvant, og Bucks fulle masse traff de trange sporene.
La slitta tremò e i pattini produssero un suono secco e scoppiettante.
Sleden skalv, og medene lagde en skarp knitrende lyd.
"Haw!" ordinò Thornton, cambiando di nuovo direzione a Buck.
«Ha!» befalte Thornton, og endret retning for Buck igjen.
Buck ripeté la mossa, questa volta tirando bruscamente verso sinistra.
Buck gjentok bevegelsen, denne gangen trakk han skarpt til venstre.
La slitta scricchiolava più forte, i pattini schioccavano e si spostavano.
Kjelken sprakk høyere, medene knitret og flyttet seg.
Il pesante carico scivolò leggermente di lato sulla neve ghiacciata.
Den tunge lasten gled litt sidelengs over den frosne snøen.
La slitta si era liberata dalla presa del sentiero ghiacciato!
Snøscooteren hadde løsnet fra den isete løypa!

Gli uomini trattennero il respiro, inconsapevoli di non stare nemmeno respirando.

Mennene holdt pusten, uvitende om at de ikke engang pustet.

"Ora, TIRA!" gridò Thornton nel silenzio glaciale.

«Nå, DRA!» ropte Thornton utover den frosne stillheten.

Il comando di Thornton risuonò netto, come lo schiocco di una frusta.

Thorntons kommando runget skarpt, som lyden av en piske.

Buck si lanciò in avanti con un affondo violento e violento.

Buck kastet seg fremover med et voldsomt og rystende utfall.

Tutto il suo corpo si irrigidì e si contrasse sotto l'enorme sforzo.

Hele kroppen hans spente seg og sammenkrøplet på grunn av den massive belastningen.

I muscoli si muovevano sotto la pelliccia come serpenti che prendevano vita.

Muskler bølget under pelsen hans som slanger som våkner til liv.

Il suo grande petto era basso e la testa era protesa in avanti verso la slitta.

Hans store brystkasse var lav, hodet strukket fremover mot sleden.

Le sue zampe si muovevano come fulmini e gli artigli fendevano il terreno ghiacciato.

Potene hans beveget seg som lyn, klørne skar den frosne bakken.

I solchi erano profondi mentre lottava per ogni centimetro di trazione.

Det ble skåret dype spor mens han kjempet for hver centimeter med trekkraft.

La slitta ondeggiò, tremò e cominciò a muoversi lentamente e in modo inquieto.

Sleden gynget, skalv og begynte en langsom, urolig bevegelse.

Un piede scivolò e un uomo tra la folla gemette ad alta voce.

Den ene foten skled, og en mann i mengden stønnet høyt.

Poi la slitta si lanciò in avanti con un movimento brusco e a scatti.

Så kastet sleden seg fremover i en rykkende, ru bevegelse.
Non si fermò più: mezzo pollice...un pollice...cinque pollici in più.
Den stoppet ikke igjen – en halv tomme ... en tomme ... to tommer til.
Gli scossoni si fecero più lievi man mano che la slitta cominciava ad acquistare velocità.
Rykkene ble mindre etter hvert som sleden begynte å få fart.
Presto Buck cominciò a tirare con una potenza fluida e uniforme.
Snart trakk Buck med jevn, myk rullekraft.
Gli uomini sussultarono e finalmente si ricordarono di respirare di nuovo.
Mennene gispet og husket endelig å puste igjen.
Non si erano accorti che il loro respiro si era fermato per lo stupore.
De hadde ikke lagt merke til at pusten deres hadde stoppet i ærefrykt.
Thornton gli corse dietro, gridando comandi brevi e allegri.
Thornton løp bak og ropte korte, muntre kommandoer.
Davanti a noi c'era una catasta di legna da ardere che segnava la distanza.
Foran lå en stabel med ved som markerte avstanden.
Mentre Buck si avvicinava al mucchio, gli applausi diventavano sempre più forti.
Etter hvert som Buck nærmet seg haugen, ble jubelen høyere og høyere.
Gli applausi crebbero fino a diventare un boato quando Buck superò il traguardo.
Jubelropene vokste til et brøl idet Buck passerte endepunktet.
Gli uomini saltarono e gridarono, perfino Matthewson sorrise.
Menn hoppet og ropte, til og med Matthewson brøt ut i et glis.
I cappelli volavano in aria e i guanti venivano lanciati senza pensarci o mirare.
Hatter fløy opp i luften, votter ble kastet uten tanke eller mål.

Gli uomini si afferrarono e si strinsero la mano senza sapere chi.

Mennene grep tak i hverandre og håndhilste uten å vite hvem.

Tutta la folla era in delirio, in un tripudio di gioia e di entusiasmo.

Hele mengden summet av vill, gledesfylt feiring.

Thornton cadde in ginocchio accanto a Buck con le mani tremanti.

Thornton falt ned på kne ved siden av Buck med skjelvende hender.

Premette la testa contro quella di Buck e lo scosse delicatamente avanti e indietro.

Han presset hodet mot Bucks og ristet ham forsiktig frem og tilbake.

Chi si avvicinava lo sentiva maledire il cane con amore silenzioso.

De som kom nærmere hørte ham forbanne hunden med stille kjærlighet.

Imprecò a lungo contro Buck, con dolcezza, calore, emozione.

Han bannet til Buck lenge – mykt, varmt og følelsesladet.

"Bene, signore! Bene, signore!" esclamò di corsa il re della panchina di Skookum.

«Bra, herre! Bra, herre!» ropte Skookum Bench-kongen i all hast.

"Le darò mille, anzi milleduecento, per quel cane, signore!"

«Jeg gir deg tusen – nei, tolv hundre – for den hunden, sir!»

Thornton si alzò lentamente in piedi, con gli occhi brillanti di emozione.

Thornton reiste seg sakte, øynene hans skinte av følelser.

Le lacrime gli rigavano le guance senza alcuna vergogna.

Tårene strømmet åpent nedover kinnene hans uten skam.

"Signore", disse al re della panchina di Skookum, con fermezza e fermezza

«Herre,» sa han til kongen av Skookum-benken, stødig og bestemt.

"No, signore. Può andare all'inferno, signore. Questa è la mia risposta definitiva."

«Nei, sir. De kan dra til helvete, sir. Det er mitt endelige svar.»

Buck afferrò delicatamente la mano di Thornton tra le sue forti mascelle.

Buck grep forsiktig Thorntons hånd med de sterke kjevene hans.

Thornton lo scosse scherzosamente; il loro legame era più profondo che mai.

Thornton ristet ham lekent, båndet deres var like sterkt som alltid.

La folla, commossa dal momento, fece un passo indietro in silenzio.

Mengden, beveget av øyeblikket, trakk seg tilbake i stillhet.

Da quel momento in poi nessuno osò più interrompere un affetto così sacro.

Fra da av turte ingen å avbryte en slik hellig hengivenhet.

Il suono della chiamata
Lyden av kallet

Buck aveva guadagnato milleseicento dollari in cinque minuti.
Buck hadde tjent seksten hundre dollar på fem minutter.
Il denaro permise a John Thornton di saldare alcuni dei suoi debiti.
Pengene lot John Thornton betale ned noe av gjelden sin.
Con il resto del denaro si diresse verso est insieme ai suoi soci.
Med resten av pengene dro han østover sammen med partnerne sine.
Cercarono una leggendaria miniera perduta, antica quanto il paese stesso.
De lette etter en sagnomsuste, tapt gruve, like gammel som landet selv.
Molti uomini avevano cercato la miniera, ma pochi l'avevano trovata.
Mange menn hadde lett etter gruven, men få hadde noen gang funnet den.
Molti uomini erano scomparsi durante la pericolosa ricerca.
Mer enn noen få menn hadde forsvunnet under den farlige søken.
Questa miniera perduta era avvolta nel mistero e nella vecchia tragedia.
Denne tapte gruven var pakket inn i både mystikk og gammel tragedie.
Nessuno sapeva chi fosse stato il primo uomo a scoprire la miniera.
Ingen visste hvem den første mannen som fant gruven hadde vært.
Le storie più antiche non menzionano nessuno per nome.
De eldste historiene nevner ingen ved navn.
Lì c'era sempre stata una vecchia capanna fatiscente.
Det hadde alltid stått en gammel, falleferdig hytte der.

I moribondi avevano giurato che vicino a quella vecchia capanna ci fosse una miniera.
Døende menn hadde sverget på at det var en gruve ved siden av den gamle hytta.
Hanno dimostrato le loro storie con un oro che non ha eguali altrove.
De beviste historiene sine med gull som ingen andre steder finner.
Nessuna anima viva aveva mai saccheggiato il tesoro da quel luogo.
Ingen levende sjel hadde noen gang plyndret skatten fra det stedet.
I morti erano morti e i morti non raccontano storie.
De døde var døde, og døde menn forteller ingen historier.
Così Thornton e i suoi amici si diressero verso Est.
Så dro Thornton og vennene hans østover.
Si unirono a noi Pete e Hans, portando con sé Buck e sei cani robusti.
Pete og Hans ble med, og hadde med seg Buck og seks sterke hunder.
Si avviarono lungo un sentiero sconosciuto dove altri avevano fallito.
De la ut på en ukjent sti der andre hadde mislyktes.
Percorsero in slitta settanta miglia lungo il fiume Yukon ghiacciato.
De aket sytti mil oppover den frosne Yukon-elven.
Girarono a sinistra e seguirono il sentiero verso lo Stewart.
De svingte til venstre og fulgte stien inn i Stewart-elven.
Superarono il Mayo e il McQuestion e proseguirono oltre.
De passerte Mayo og McQuestion og fortsatte videre.
Lo Stewart si restringeva fino a diventare un ruscello, infilandosi tra cime frastagliate.
Stewart-elven krympet inn i en bekk og trådte langs taggete topper.
Queste vette aguzze rappresentavano la spina dorsale del continente.

Disse skarpe toppene markerte selve ryggraden på kontinentet.

John Thornton pretendeva poco dagli uomini e dalla terra selvaggia.

John Thornton krevde lite av menn eller det ville landskapet.

Non temeva nulla della natura e affrontava la natura selvaggia con disinvoltura.

Han fryktet ingenting i naturen og møtte villmarken med letthet.

Con solo del sale e un fucile poteva viaggiare dove voleva.

Med bare salt og en gevær kunne han reise hvor han ville.

Come gli indigeni, durante il viaggio cacciava per procurarsi il cibo.

I likhet med de innfødte jaktet han mat mens han reiste.

Se non prendeva nulla, continuava ad andare avanti, confidando nella fortuna che lo attendeva.

Hvis han ikke fikk noe, fortsatte han, og stolte på flaksen.

Durante questo lungo viaggio, la carne era l'alimento principale di cui si nutrivano.

På denne lange reisen var kjøtt det viktigste de spiste.

La slitta trasportava attrezzi e munizioni, ma non c'era un orario preciso.

Sleden inneholdt verktøy og ammunisjon, men ingen streng tidsplan.

Buck amava questo vagabondare, la caccia e la pesca senza fine.

Buck elsket denne vandringen; den endeløse jakten og fisket.

Per settimane viaggiarono senza sosta, giorno dopo giorno.

I flere uker reiste de dag etter jevn dag.

Altre volte si accampavano e restavano fermi per settimane.

Andre ganger slo de leir og ble værende i flere uker.

I cani riposarono mentre gli uomini scavavano nel terreno ghiacciato.

Hundene hvilte mens mennene gravde gjennom frossen jord.

Scaldavano le padelle sul fuoco e cercavano l'oro nascosto.

De varmet pannene over bål og lette etter skjult gull.

C'erano giorni in cui pativano la fame, altri in cui banchettavano.
Noen dager sultet de, og andre dager hadde de fester.
Il loro pasto dipendeva dalla selvaggina e dalla fortuna della caccia.
Måltidene deres var avhengig av viltet og jaktflaksen.
Con l'arrivo dell'estate, uomini e cani caricavano carichi sulle spalle.
Da sommeren kom, pakket menn og hunder last på ryggen.
Fecero rafting sui laghi azzurri nascosti nelle foreste di montagna.
De raftet over blå innsjøer gjemt i fjellskoger.
Navigavano su imbarcazioni sottili su fiumi che nessun uomo aveva mai mappato.
De seilte slanke båter på elver ingen mann noen gang hadde kartlagt.
Quelle barche venivano costruite con gli alberi che avevano segato in natura.
Disse båtene ble bygget av trær de saget i naturen.

Passarono i mesi e loro viaggiarono attraverso terre selvagge e sconosciute.
Månedene gikk, og de snodde seg gjennom de ville, ukjente landene.
Non c'erano uomini lì, ma vecchie tracce lasciavano intendere che alcuni di loro fossero presenti.
Det var ingen menn der, men gamle spor antydet at det hadde vært menn der.
Se la Capanna Perduta fosse esistita davvero, allora altre persone in passato erano passate da lì.
Hvis Den tapte hytta var ekte, hadde andre en gang kommet denne veien.
Attraversavano passi alti durante le bufere di neve, anche d'estate.
De krysset høye pass i snøstormer, selv om sommeren.
Rabbrividivano sotto il sole di mezzanotte sui pendii brulli delle montagne.

De skalv under midnattssolen på nakne fjellsider.
Tra il limite degli alberi e i campi di neve, salivano lentamente.
Mellom tregrensen og snøfeltene klatret de sakte.
Nelle valli calde, scacciavano nuvole di moscerini e mosche.
I varme daler slo de mot skyer av knott og fluer.
Raccolsero bacche dolci vicino ai ghiacciai nel pieno della fioritura estiva.
De plukket søte bær nær isbreer i full sommerblomst.
I fiori che trovarono erano belli quanto quelli del Southland.
Blomstene de fant var like vakre som de i Sørlandet.
Quell'autunno giunsero in una regione solitaria piena di laghi silenziosi.
Den høsten nådde de et ensomt område fylt med stille innsjøer.
La terra era triste e vuota, un tempo brulicava di uccelli e animali.
Landet var trist og tomt, en gang levd av fugler og dyr.
Ora non c'era più vita, solo il vento e il ghiaccio che si formava nelle pozze.
Nå var det ikke noe liv, bare vinden og isen som dannet seg i dammer.
Le onde lambivano le rive deserte con un suono dolce e lugubre.
Bølger slo mot tomme strender med en myk, sørgmodig lyd.

Arrivò un altro inverno e loro seguirono di nuovo deboli e vecchi sentieri.
Nok en vinter kom, og de fulgte svake, gamle stier igjen.
Erano le tracce di uomini che avevano cercato molto prima di loro.
Dette var sporene til menn som hadde lett lenge før dem.
Una volta trovarono un sentiero che si inoltrava nel profondo della foresta oscura.
En gang fant de en sti dypt inn i den mørke skogen.
Era un vecchio sentiero e sentivano che la baita perduta era vicina.

Det var en gammel sti, og de følte at den tapte hytta var nær.
Ma il sentiero non portava da nessuna parte e si perdeva nel fitto del bosco.
Men stien førte ingen steder og forsvant inn i den tette skogen.
Nessuno sapeva chi avesse tracciato il sentiero e perché lo avesse fatto.
Hvem som helst som lagde stien, og hvorfor de lagde den, visste ingen.
Più tardi trovarono i resti di una capanna nascosta tra gli alberi.
Senere fant de vraket av en hytte gjemt blant trærne.
Coperte marce erano sparse dove un tempo qualcuno aveva dormito.
Råtnende tepper lå strødd der noen en gang hadde sovet.
John Thornton trovò sepolto all'interno un fucile a pietra focaia a canna lunga.
John Thornton fant en flintlås med lang løp begravd inni.
Sapeva fin dai primi tempi che si trattava di un cannone della Hudson Bay.
Han visste at dette var en Hudson Bay-kanon fra tidlige handelsdager.
A quei tempi, tali armi venivano barattate con pile di pelli di castoro.
På den tiden ble slike kanoner byttet mot stabler med beverskinn.
Questo era tutto: non rimaneva alcuna traccia dell'uomo che aveva costruito la loggia.
Det var alt – ingen spor gjensto etter mannen som bygde hytta.

Arrivò di nuovo la primavera e non trovarono traccia della Capanna Perduta.
Våren kom igjen, og de fant ingen tegn til den tapte hytta.
Invece trovarono un'ampia valle con un ruscello poco profondo.
I stedet fant de en bred dal med en grunn bekk.
L'oro si stendeva sul fondo della pentola come burro giallo e liscio.

Gull lå over bunnen av pannen som glatt, gult smør.
Si fermarono lì e non cercarono oltre la cabina.
De stoppet der og lette ikke lenger etter hytta.
Ogni giorno lavoravano e ne trovavano migliaia di pezzi in polvere d'oro.
Hver dag arbeidet de og fant tusenvis i gullstøv.
Confezionarono l'oro in sacchi di pelle di alce, da cinquanta libbre ciascuno.
De pakket gullet i sekker med elgskinn, femti pund hver.
I sacchi erano accatastati come legna da ardere fuori dal loro piccolo rifugio.
Sekkene var stablet som ved utenfor den lille hytta deres.
Lavoravano come giganti e i giorni trascorrevano veloci come sogni.
De jobbet som kjemper, og dagene gikk som raske drømmer.
Accumularono tesori mentre gli infiniti giorni trascorrevano rapidamente.
De samlet skatter mens de endeløse dagene rullet raskt forbi.
I cani avevano ben poco da fare, se non trasportare la carne di tanto in tanto.
Det var lite hundene kunne gjøre bortsett fra å dra på kjøtt nå og da.
Thornton cacciò e uccise la selvaggina, mentre Buck si sdraiò accanto al fuoco.
Thornton jaktet og drepte viltet, og Buck lå ved bålet.
Trascorse lunghe ore in silenzio, perso nei pensieri e nei ricordi.
Han tilbrakte lange timer i stillhet, fortapt i tanker og minner.
L'immagine dell'uomo peloso tornava sempre più spesso alla mente di Buck.
Bildet av den hårete mannen dukket oftere opp i Bucks sinn.
Ora che il lavoro scarseggiava, Buck sognava mentre sbatteva le palpebre verso il fuoco.
Nå som det var lite arbeid, drømte Buck mens han blunket mot bålet.
In quei sogni, Buck vagava con l'uomo in un altro mondo.

I disse drømmene vandret Buck med mannen i en annen verden.
La paura sembrava il sentimento più forte in quel mondo lontano.
Frykt virket som den sterkeste følelsen i den fjerne verden.
Buck vide l'uomo peloso dormire con la testa bassa.
Buck så den hårete mannen sove med bøyd hode.
Aveva le mani giunte e il suo sonno era agitato e interrotto.
Hendene hans var foldet, og søvnen hans var urolig og avbrutt.
Si svegliava di soprassalto e fissava il buio con timore.
Han pleide å våkne med et rykk og stirre fryktsomt inn i mørket.
Poi aggiungeva altra legna al fuoco per mantenere viva la fiamma.
Så kastet han mer ved på bålet for å holde flammen sterk.
A volte camminavano lungo una spiaggia in riva a un mare grigio e infinito.
Noen ganger gikk de langs en strand ved et grått, endeløst hav.
L'uomo peloso raccolse i frutti di mare e li mangiò mentre camminava.
Den hårete mannen plukket skalldyr og spiste dem mens han gikk.
I suoi occhi cercavano sempre pericoli nascosti nell'ombra.
Øynene hans lette alltid etter skjulte farer i skyggene.
Le sue gambe erano sempre pronte a scattare al primo segno di minaccia.
Beina hans var alltid klare til å spurte ved første tegn på trussel.
Avanzavano furtivamente nella foresta, silenziosi e cauti, uno accanto all'altro.
De krøp gjennom skogen, stille og forsiktige, side om side.
Buck lo seguì alle calcagna, ed entrambi rimasero all'erta.
Buck fulgte etter ham, og begge forble årvåkne.
Le loro orecchie si muovevano e si contraevano, i loro nasi fiutavano l'aria.

Ørene deres dirret og beveget seg, nesene deres snuste i luften.
L'uomo riusciva a sentire e ad annusare la foresta in modo altrettanto acuto quanto Buck.
Mannen kunne høre og lukte skogen like skarpt som Buck.
L'uomo peloso si lanciò tra gli alberi a velocità improvvisa.
Den hårete mannen svingte seg gjennom trærne med plutselig fart.
Saltava da un ramo all'altro senza mai perdere la presa.
Han hoppet fra gren til gren uten å miste grepet.
Si muoveva con la stessa rapidità con cui si muoveva sopra e sopra il terreno.
Han beveget seg like raskt over bakken som han gjorde på den.
Buck ricordava le lunghe notti passate sotto gli alberi a fare la guardia.
Buck husket lange netter under trærne, hvor han holdt vakt.
L'uomo dormiva appollaiato sui rami, aggrappandosi forte.
Mannen sov og hvilte i grenene og klamret seg tett til.
Questa visione dell'uomo peloso era strettamente legata al richiamo profondo.
Denne visjonen av den hårete mannen var nært knyttet til det dype kallet.
Il richiamo risuonava ancora nella foresta con una forza inquietante.
Ropet lød fortsatt gjennom skogen med hjemsøkende kraft.
La chiamata riempì Buck di desiderio e di un inquieto senso di gioia.
Samtalen fylte Buck med lengsel og en rastløs følelse av glede.
Sentì strani impulsi e stimoli a cui non riusciva a dare un nome.
Han følte merkelige lyster og følelser som han ikke kunne navngi.
A volte seguiva la chiamata inoltrandosi nel silenzio dei boschi.
Noen ganger fulgte han kallet dypt inn i den stille skogen.

Cercava il richiamo, abbaiando piano o bruscamente mentre camminava.
Han lette etter kallet, bjeffende lavt eller skarpt mens han gikk.
Annusò il muschio e il terreno nero dove cresceva l'erba.
Han snuste på mosen og den svarte jorden der gresset vokste.
Sbuffò di piacere sentendo i ricchi odori della terra profonda.
Han fnøs av fryd over de rike luktene fra den dype jorden.
Rimase accovacciato per ore dietro i tronchi ricoperti di funghi.
Han krøp sammen i timevis bak stammer dekket av sopp.
Rimase immobile, ascoltando con gli occhi sgranati ogni minimo rumore.
Han ble stående stille og lyttet med store øyne til hver minste lyd.
Forse sperava di sorprendere la cosa che aveva emesso la chiamata.
Han håpet kanskje å overraske den som ringte.
Non sapeva perché si comportava in quel modo: lo faceva e basta.
Han visste ikke hvorfor han oppførte seg slik – han bare gjorde det.
Questi impulsi provenivano dal profondo, al di là del pensiero o della ragione.
Trangene kom dypt innenfra, hinsides tanke eller fornuft.
Buck fu colto da impulsi irresistibili, senza preavviso o motivo.
Uimotståelige lyster grep tak i Buck uten forvarsel eller grunn.
A volte sonnecchiava pigramente nell'accampamento, sotto il caldo di mezzogiorno.
Til tider døset han dovent i leiren i middagsvarmen.
All'improvviso sollevò la testa e le sue orecchie si drizzarono in allerta.
Plutselig løftet han hodet og ørene hans skyter våkent i været.
Poi balzò in piedi e si lanciò nella natura selvaggia senza fermarsi.
Så sprang han opp og løp ut i villmarken uten å nøle.

Corse per ore attraverso sentieri forestali e spazi aperti.
Han løp i timevis gjennom skogsstier og åpne områder.
Amava seguire i letti asciutti dei torrenti e spiare gli uccelli sugli alberi.
Han elsket å følge tørre bekkeleier og spionere på fugler i trærne.
Poteva restare nascosto tutto il giorno, osservando le pernici che si pavoneggiavano in giro.
Han kunne ligge gjemt hele dagen og se på rapphøns som spankulerte rundt.
Suonavano i tamburi e marciavano, ignari della presenza immobile di Buck.
De trommet og marsjerte, uvitende om Bucks fortsatt tilstedeværelse.
Ma ciò che amava di più era correre al crepuscolo estivo.
Men det han elsket mest var å løpe i skumringen om sommeren.
La luce fioca e i suoni assonnati della foresta lo riempivano di gioia.
Det svake lyset og de søvnige skogslydene fylte ham med glede.
Leggeva i cartelli della foresta con la stessa chiarezza con cui un uomo legge un libro.
Han leste skogsskiltene like tydelig som en mann leser en bok.
E cercava sempre la strana cosa che lo chiamava.
Og han lette alltid etter den merkelige tingen som kalte på ham.
Quella chiamata non si è mai fermata: lo raggiungeva sia da sveglio che nel sonno.
Det kallet stoppet aldri – det nådde ham enten han var våken eller sovende.

Una notte si svegliò di soprassalto, con gli occhi acuti e le orecchie tese.
En natt våknet han med et rykk, med skarpe øyne og høye ører.

Le sue narici si contrassero mentre la sua criniera si rizzava in onde.
Neseborene hans dirret mens manen hans sto og bølget seg.
Dal profondo della foresta giunse di nuovo quel suono, il vecchio richiamo.
Fra dypet av skogen kom lyden igjen, det gamle kallet.
Questa volta il suono risuonò chiaro, un ululato lungo, inquietante e familiare.
Denne gangen ringte lyden tydelig, et langt, hjemsøkende, kjent hyl.
Era come il verso di un husky, ma dal tono strano e selvaggio.
Det var som en huskys skrik, men merkelig og vill i tonen.
Buck riconobbe subito quel suono: lo aveva già sentito molto tempo prima.
Buck kjente igjen lyden med en gang – han hadde hørt den nøyaktige lyden for lenge siden.
Attraversò con un balzo l'accampamento e scomparve rapidamente nel bosco.
Han hoppet gjennom leiren og forsvant raskt inn i skogen.
Avvicinandosi al suono, rallentò e si mosse con cautela.
Da han nærmet seg lyden, sakket han farten og beveget seg forsiktig.
Presto raggiunse una radura tra fitti pini.
Snart nådde han en lysning mellom tette furutrær.
Lì, ritto sulle zampe posteriori, sedeva un lupo grigio alto e magro.
Der, oppreist på bakbenene, satt en høy, mager skogulv.
Il naso del lupo puntava verso il cielo, continuando a riecheggiare il richiamo.
Ulvens nese pekte mot himmelen, fortsatt med et ekko av ropet.
Buck non aveva emesso alcun suono, eppure il lupo si fermò e ascoltò.
Buck hadde ikke laget noen lyd, men ulven stoppet og lyttet.
Percependo qualcosa, il lupo si irrigidì e scrutò l'oscurità.
Ulven fornemmet noe, spente seg og lette i mørket.

Buck si fece avanti furtivamente, con il corpo basso e i piedi ben appoggiati al terreno.
Buck snek seg til syne, med lav kropp og føttene rolige på bakken.
La sua coda era dritta e il suo corpo era teso e teso.
Halen hans var rett, kroppen hans kveilet stramt av spenning.
Manifestava sia un atteggiamento minaccioso che una sorta di rude amicizia.
Han viste både trussel og et slags røft vennskap.
Era il saluto cauto tipico delle bestie selvatiche.
Det var den forsiktige hilsenen som de ville dyrene delte.
Ma il lupo si voltò e fuggì non appena vide Buck.
Men ulven snudde seg og flyktet så snart den så Buck.
Buck si lanciò all'inseguimento, saltando selvaggiamente, desideroso di raggiungerlo.
Buck satte etter den, hoppet vilt, ivrig etter å forbikjøre den.
Seguì il lupo in un ruscello secco bloccato da un ingorgo di tronchi.
Han fulgte etter ulven inn i en tørr bekk som var blokkert av en tømmerstokk.
Messo alle strette, il lupo si voltò e rimase fermo.
Ulven snurret seg rundt og sto på sitt.
Il lupo ringhiò e schioccò i denti come un husky intrappolato in una rissa.
Ulven glefset og glefset som en fanget huskyhund i en slåsskamp.
I denti del lupo schioccarono rapidamente e il suo corpo si irrigidì per la furia selvaggia.
Ulvens tenner klikket raskt, kroppen dens strittet av vill raseri.
Buck non attaccò, ma girò intorno al lupo con attenta cordialità.
Buck angrep ikke, men gikk rundt ulven med forsiktig vennlighet.
Cercò di bloccargli la fuga con movimenti lenti e innocui.
Han prøvde å blokkere flukten med langsomme, ufarlige bevegelser.

Il lupo era cauto e spaventato: Buck lo superava di peso tre volte.
Ulven var skeptisk og redd – Buck var tre ganger sterkere enn ham.
La testa del lupo arrivava a malapena all'altezza della spalla massiccia di Buck.
Ulvehodet nådde så vidt opp til Bucks massive skulder.
Il lupo, attento a individuare un varco, si lanciò e l'inseguimento ricominciò.
Ulven speidet etter et gap, løp av gårde og jakten begynte igjen.
Buck lo mise alle strette più volte e la danza si ripeté.
Flere ganger presset Buck ham inn i et hjørne, og dansen gjentok seg.
Il lupo era magro e debole, altrimenti Buck non avrebbe potuto catturarlo.
Ulven var tynn og svak, ellers kunne ikke Buck ha fanget ham.
Ogni volta che Buck si avvicinava, il lupo si girava di scatto e lo affrontava spaventato.
Hver gang Buck kom nærmere, snurret ulven seg og møtte ham i frykt.
Poi, alla prima occasione, si precipitò di nuovo nel bosco.
Så ved første sjanse, løp han av gårde inn i skogen igjen.
Ma Buck non si arrese e alla fine il lupo imparò a fidarsi di lui.
Men Buck ga ikke opp, og til slutt begynte ulven å stole på ham.
Annusò il naso di Buck e i due diventarono giocosi e attenti.
Han snuste Buck på nesen, og de to ble lekne og årvåkne.
Giocavano come animali selvaggi, feroci ma timidi nella loro gioia.
De lekte som ville dyr, hissige, men likevel sjenerte i sin glede.
Dopo un po' il lupo trotterellò via con calma e decisione.
Etter en stund travet ulven av gårde med rolig hensikt.
Dimostrò chiaramente a Buck che intendeva essere seguito.
Han viste tydelig Buck at han ville bli fulgt etter.
Correvano fianco a fianco nel buio della sera.

De løp side om side gjennom skumringsmørket.
Seguirono il letto del torrente fino alla gola rocciosa.
De fulgte bekkeleier opp i den steinete juvet.
Attraversarono un freddo spartiacque nel punto in cui aveva avuto origine il fiume.
De krysset et kaldt skille der strømmen hadde startet.
Sul pendio più lontano trovarono un'ampia foresta e molti corsi d'acqua.
På den fjerne skråningen fant de vid skog og mange bekker.
Corsero per ore senza fermarsi attraverso quella terra immensa.
Gjennom dette enorme landet løp de i timevis uten å stoppe.
Il sole saliva sempre più alto, l'aria si faceva calda, ma loro continuavano a correre.
Solen steg høyere, luften ble varm, men de løp videre.
Buck era pieno di gioia: sapeva di aver risposto alla sua chiamata.
Buck var fylt av glede – han visste at han svarte på kallet sitt.
Corse accanto al fratello della foresta, più vicino alla fonte della chiamata.
Han løp ved siden av skogbroren sin, nærmere kilden til kallet.
I vecchi sentimenti ritornano, potenti e difficili da ignorare.
Gamle følelser kom tilbake, sterke og vanskelige å ignorere.
Queste erano le verità nascoste nei ricordi dei suoi sogni.
Dette var sannhetene bak minnene fra drømmene hans.
Tutto questo lo aveva già fatto in un mondo lontano e oscuro.
Han hadde gjort alt dette før i en fjern og skyggefull verden.
Questa volta lo fece di nuovo, scatenandosi con il cielo aperto sopra di lui.
Nå gjorde han dette igjen, og løp amok med den åpne himmelen over seg.
Si fermarono presso un ruscello per bere l'acqua fredda che scorreva.
De stoppet ved en bekk for å drikke av det kalde, rennende vannet.

Mentre beveva, Buck si ricordò improvvisamente di John Thornton.
Mens han drakk, husket Buck plutselig John Thornton.
Si sedette in silenzio, lacerato dal sentimento di lealtà e dalla chiamata.
Han satte seg ned i stillhet, revet av lojalitetens og kallets tiltrekning.
Il lupo continuò a trottare, ma tornò indietro per incitare Buck ad andare avanti.
Ulven travet videre, men kom tilbake for å presse Buck fremover.
Gli annusò il naso e cercò di convincerlo con gesti gentili.
Han snufset på nesen og prøvde å lokke ham med myke gester.
Ma Buck si voltò e riprese a tornare indietro per la strada da cui era venuto.
Men Buck snudde seg og begynte å gå tilbake samme vei som han kom.
Il lupo gli corse accanto per molto tempo, guaindo piano.
Ulven løp ved siden av ham lenge og klynket stille.
Poi si sedette, alzò il naso ed emise un lungo ululato.
Så satte han seg ned, hevet nesen og slapp ut et langt hyl.
Era un grido lugubre, che si addolcì mentre Buck si allontanava.
Det var et sørgmodig skrik, som myknet idet Buck gikk sin vei.
Buck ascoltò mentre il suono del grido svaniva lentamente nel silenzio della foresta.
Buck lyttet mens lyden av gråten sakte forsvant inn i skogens stillhet.
John Thornton stava cenando quando Buck irruppe nell'accampamento.
John Thornton spiste middag da Buck stormet inn i leiren.
Buck gli saltò addosso selvaggiamente, leccandolo, mordendolo e facendolo rotolare.
Buck hoppet vilt over ham, slikket, bet og veltet ham.
Lo fece cadere, gli saltò sopra e gli baciò il viso.

Han veltet ham, klatret oppå og kysset ham i ansiktet.
Thornton lo definì con affetto "fare il buffone".
Thornton kalte dette å «spille den generelle narren» med hengivenhet.
Nel frattempo, imprecava dolcemente contro Buck e lo scuoteva avanti e indietro.
Hele tiden bannet han forsiktig over Buck og ristet ham frem og tilbake.
Per due interi giorni e due notti, Buck non lasciò l'accampamento nemmeno una volta.
I to hele dager og netter forlot Buck ikke leiren én eneste gang.
Si teneva vicino a Thornton e non lo perdeva mai di vista.
Han holdt seg tett inntil Thornton og lot ham aldri gå ut av syne.
Lo seguiva mentre lavorava e lo osservava mentre mangiava.
Han fulgte ham mens han arbeidet og så på ham mens han spiste.
Di notte vedeva Thornton avvolto nelle sue coperte e ogni mattina lo vedeva uscire.
Han så Thornton ligge i teppene sine om natten og ute hver morgen.
Ma presto il richiamo della foresta ritornò, più forte che mai.
Men snart kom skogsropet tilbake, høyere enn noen gang før.
Buck si sentì di nuovo irrequieto, agitato dal pensiero del lupo selvatico.
Buck ble urolig igjen, opprørt av tanker om den ville ulven.
Ricordava la terra aperta e le corse fianco a fianco.
Han husket det åpne landskapet og det å løpe side om side.
Ricominciò a vagare nella foresta, solo e vigile.
Han begynte å vandre inn i skogen igjen, alene og årvåken.
Ma il fratello selvaggio non tornò e l'ululato non fu udito.
Men den ville broren kom ikke tilbake, og ulet ble ikke hørt.
Buck cominciò a dormire all'aperto, restando lontano anche per giorni interi.
Buck begynte å sove ute, og holdt seg borte i flere dager av gangen.

Una volta attraversò l'alto spartiacque dove aveva origine il torrente.
En gang krysset han det høye skiltet der bekken hadde startet.
Entrò nella terra degli alberi scuri e dei grandi corsi d'acqua.
Han kom inn i landet med mørkt tømmer og vide, rennende bekker.
Vagò per una settimana alla ricerca di tracce del fratello selvaggio.
I en uke vandret han rundt og lette etter tegn etter den ville broren.
Uccideva la propria carne e viaggiava a passi lunghi e instancabili.
Han drepte sitt eget kjøtt og reiste med lange, utrettelige skritt.
Pescò salmoni in un ampio fiume che arrivava fino al mare.
Han fisket laks i en bred elv som nådde ut til havet.
Lì lottò e uccise un orso nero reso pazzo dagli insetti.
Der kjempet han mot og drepte en svartbjørn som var gal av insekter.
L'orso stava pescando e corse alla cieca tra gli alberi.
Bjørnen hadde fisket og løp i blinde gjennom trærne.
La battaglia fu feroce e risvegliò il profondo spirito combattivo di Buck.
Kampen var hard, og vekket Bucks dype kampånd.
Due giorni dopo, Buck tornò e trovò dei ghiottoni nei pressi della sua preda.
To dager senere kom Buck tilbake for å finne jerv ved byttet sitt.
Una dozzina di loro litigarono furiosamente e rumorosamente per la carne.
Et dusin av dem kranglet om kjøttet i høylytt raseri.
Buck caricò e li disperse come foglie al vento.
Buck stormet frem og spredte dem som blader i vinden.
Due lupi rimasero indietro: silenziosi, senza vita e immobili per sempre.
To ulver ble igjen – stille, livløse og ubevegelige for alltid.
La sete di sangue divenne più forte che mai.
Blodtørsten ble sterkere enn noensinne.

Buck era un cacciatore, un assassino, che si nutriva di creature viventi.
Buck var en jeger, en morder, som spiste levende vesener.
Sopravvisse da solo, affidandosi alla sua forza e ai suoi sensi acuti.
Han overlevde alene, avhengig av sin styrke og skarpe sanser.
Prosperava nella natura selvaggia, dove solo i più forti potevano sopravvivere.
Han trivdes i naturen, der bare de tøffeste kunne leve.
Da ciò nacque un grande orgoglio che riempì tutto l'essere di Buck.
Fra dette steg en stor stolthet opp og fylte hele Bucks vesen.
Il suo orgoglio traspariva da ogni passo, dal fremito di ogni muscolo.
Stoltheten hans viste seg i hvert eneste skritt, i krusningen i hver muskel.
Il suo orgoglio era evidente, come si vedeva dal suo comportamento.
Stoltheten hans var like tydelig som tale, noe som viste seg i hvordan han oppførte seg.
Persino il suo spesso mantello appariva più maestoso e splendeva di più.
Selv den tykke pelsen hans så mer majestetisk ut og glitret klarere.
Buck avrebbe potuto essere scambiato per un lupo grigio gigante.
Buck kunne ha blitt forvekslet med en gigantisk tømmerulv.
A parte il marrone sul muso e le macchie sopra gli occhi.
Bortsett fra brunt på snuten og flekker over øynene.
E la striscia bianca di pelo che gli correva lungo il centro del petto.
Og den hvite pelsstripen som rant nedover midten av brystet hans.
Era addirittura più grande del più grande lupo di quella feroce razza.
Han var enda større enn den største ulven av den ville rasen.

Suo padre, un San Bernardo, gli ha trasmesso la stazza e la corporatura robusta.
Faren hans, en sanktbernhardshund, ga ham størrelse og tung kropp.
Sua madre, una pastorella, plasmò quella mole conferendole la forma di un lupo.
Moren hans, en gjeter, formet den massen til en ulvelignende form.
Aveva il muso lungo di un lupo, anche se più pesante e largo.
Han hadde den lange snuten til en ulv, men tyngre og bredere.
La sua testa era quella di un lupo, ma di dimensioni enormi e maestose.
Hodet hans var et ulves, men bygget i en massiv, majestetisk skala.
L'astuzia di Buck era l'astuzia del lupo e della natura selvaggia.
Bucks list var ulvens og villmarkens list.
La sua intelligenza gli venne sia dal Pastore Tedesco che dal San Bernardo.
Hans intelligens kom fra både den tyske gjeterhunden og sanktbernhardshunden.
Tutto ciò, unito alla dura esperienza, lo rese una creatura temibile.
Alt dette, pluss harde erfaringer, gjorde ham til en fryktinngytende skapning.
Era formidabile quanto qualsiasi animale che vagasse nelle terre selvagge del nord.
Han var like formidabel som ethvert dyr som streifet rundt i den nordlige villmarken.
Nutrendosi solo di carne, Buck raggiunse l'apice della sua forza.
Buck levde kun på kjøtt og nådde sitt fulle styrketopp.
Trasudava potenza e forza maschile in ogni fibra del suo corpo.
Han fløt over av kraft og maskulin styrke i hver fiber av seg.

Quando Thornton gli accarezzò la schiena, i peli brillarono di energia.
Da Thornton strøk seg over ryggen, glitret hårene av energi.
Ogni capello scricchiolava, carico del tocco di un magnetismo vivente.
Hvert hårstrå knitret, ladet med en berøring av levende magnetisme.
Il suo corpo e il suo cervello erano sintonizzati sulla tonalità più fine possibile.
Kroppen og hjernen hans var innstilt på den fineste mulige tonehøyden.
Ogni nervo, ogni fibra e ogni muscolo lavoravano in perfetta armonia.
Hver nerve, fiber og muskel fungerte i perfekt harmoni.
A qualsiasi suono o visione che richiedesse un intervento, rispondeva immediatamente.
På enhver lyd eller syn som krevde handling, reagerte han umiddelbart.
Se un husky saltava per attaccare, Buck poteva saltare due volte più velocemente.
Hvis en husky hoppet for å angripe, kunne Buck hoppe dobbelt så fort.
Reagì più rapidamente di quanto gli altri potessero vedere o sentire.
Han reagerte raskere enn andre kunne se eller høre.
Percezione, decisione e azione avvennero tutte in un unico, fluido istante.
Persepsjon, beslutning og handling kom alt i ett flytende øyeblikk.
In realtà si tratta di atti separati, ma troppo rapidi per essere notati.
I sannhet var disse handlingene separate, men for raske til å bli lagt merke til.
Gli intervalli tra questi atti erano così brevi che sembravano uno solo.
Så korte var mellomrommene mellom disse handlingene at de virket som én.

I suoi muscoli e il suo essere erano come molle strettamente avvolte.
Musklene og vesenet hans var som tett opprullede fjærer.
Il suo corpo traboccava di vita, selvaggia e gioiosa nella sua potenza.
Kroppen hans blusset av liv, vill og gledesfylt i sin kraft.
A volte aveva la sensazione che la forza stesse per esplodere completamente dentro di lui.
Til tider følte han at kraften skulle bryte ut av ham fullstendig.
"Non c'è mai stato un cane simile", disse Thornton un giorno tranquillo.
«Det har aldri vært en slik hund», sa Thornton en stille dag.
I soci osservarono Buck uscire fiero dall'accampamento.
Partnerne så Buck komme stolt skrittende ut av leiren.
"Quando è stato creato, ha cambiato il modo in cui un cane può essere", ha detto Pete.
«Da han ble skapt, forandret han hva en hund kan være», sa Pete.
"Per Dio! Lo penso anch'io", concordò subito Hans.
«Ved Jesus! Det tror jeg selv», sa Hans raskt enig.
Lo videro allontanarsi, ma non il cambiamento che avvenne dopo.
De så ham marsjere av gårde, men ikke forandringen som kom etterpå.
Non appena entrò nel bosco, Buck si trasformò completamente.
Så snart han kom inn i skogen, forvandlet Buck seg fullstendig.
Non marciava più, ma si muoveva come uno spettro selvaggio tra gli alberi.
Han marsjerte ikke lenger, men beveget seg som et vilt spøkelse blant trærne.
Divenne silenzioso, come un gatto, un bagliore che attraversava le ombre.
Han ble stille, kattefot, et flimrende gled gjennom skyggene.
Usava la copertura con abilità, strisciando sulla pancia come un serpente.

Han dekket seg med dyktighet, og krøp på magen som en slange.

E come un serpente, sapeva balzare in avanti e colpire in silenzio.

Og som en slange kunne han hoppe frem og slå til i stillhet.

Potrebbe rubare una pernice bianca direttamente dal suo nido nascosto.

Han kunne stjele en rype rett fra dens skjulte reir.

Uccideva i conigli addormentati senza emettere alcun suono.

Han drepte sovende kaniner uten en eneste lyd.

Riusciva a catturare gli scoiattoli a mezz'aria anche se fuggivano troppo lentamente.

Han kunne fange jordegern midt i luften siden de flyktet for sakte.

Nemmeno i pesci nelle pozze riuscivano a sfuggire ai suoi attacchi improvvisi.

Selv fisk i dammer kunne ikke unnslippe hans plutselige angrep.

Nemmeno i furbi castori impegnati a riparare le dighe erano al sicuro da lui.

Ikke engang smarte bevere som reparerte demninger var trygge for ham.

Uccideva per nutrirsi, non per divertirsi, ma preferiva uccidere le proprie vittime.

Han drepte for mat, ikke for moro skyld – men likte sine egne drap best.

Eppure, un umorismo subdolo permeava alcune delle sue cacce silenziose.

Likevel gikk en slu humor gjennom noen av hans stille jakter.

Si avvicinò furtivamente agli scoiattoli, solo per lasciarli scappare.

Han krøp tett inntil ekorn, bare for å la dem unnslippe.

Stavano per fuggire tra gli alberi, chiacchierando con rabbia e paura.

De skulle flykte til trærne, mens de skravlet i fryktsom forargelse.

Con l'arrivo dell'autunno, le alci cominciarono ad apparire in numero maggiore.
Etter hvert som høsten kom, begynte elg å dukke opp i større antall.
Si spostarono lentamente verso le basse valli per affrontare l'inverno.
De beveget seg sakte inn i de lave dalene for å møte vinteren.
Buck aveva già abbattuto un giovane vitello randagio.
Buck hadde allerede felt én ung, bortkommen kalv.
Ma lui desiderava ardentemente affrontare prede più grandi e pericolose.
Men han lengtet etter å møte større, farligere bytte.
Un giorno, sul crinale, alla sorgente del torrente, trovò la sua occasione.
En dag på skiljet, ved bekkens utspring, fant han sin sjanse.
Una mandria di venti alci era giunta da terre boscose.
En flokk på tjue elger hadde krysset over fra skogkledde områder.
Tra loro c'era un possente toro, il capo del gruppo.
Blant dem var en mektig okse; lederen av gruppen.
Il toro era alto più di due metri e mezzo e appariva feroce e selvaggio.
Oksen var over to meter høy og så voldsom og vill ut.
Lanciò le sue grandi corna, le cui quattordici punte si diramavano verso l'esterno.
Han kastet sine brede gevir, fjorten spisser forgrenet seg utover.
Le punte di quelle corna si estendevano per due metri.
Tuppene på geviret strakte seg syv fot på bredden.
I suoi piccoli occhi ardevano di rabbia quando vide Buck lì vicino.
De små øynene hans brant av raseri da han fikk øye på Buck i nærheten.
Emise un ruggito furioso, tremando di rabbia e dolore.
Han slapp ut et rasende brøl, skalv av raseri og smerte.
Vicino al suo fianco spuntava la punta di una freccia, appuntita e piumata.

En pilspiss stakk ut nær flanken hans, fjærkledd og skarp.
Questa ferita contribuì a spiegare il suo umore selvaggio e amareggiato.
Dette såret bidro til å forklare hans ville, bitre humør.
Buck, guidato dall'antico istinto di caccia, fece la sua mossa.
Buck, styrt av eldgammelt jaktinstinkt, gjorde sitt trekk.
Il suo obiettivo era separare il toro dal resto della mandria.
Han hadde som mål å skille oksen fra resten av flokken.
Non era un compito facile: richiedeva velocità e una grande astuzia.
Dette var ingen enkel oppgave – det krevde fart og voldsom list.
Abbaiava e danzava vicino al toro, appena fuori dalla sua portata.
Han bjeffet og danset nær oksen, like utenfor rekkevidde.
L'alce si lanciò con enormi zoccoli e corna mortali.
Elgen forsvant med enorme hover og dødelige gevir.
Un colpo avrebbe potuto porre fine alla vita di Buck in un batter d'occhio.
Ett slag kunne ha avsluttet Bucks liv på et blunk.
Incapace di abbandonare la minaccia, il toro si infuriò.
Oksen klarte ikke å legge trusselen bak seg og ble rasende.
Lui caricava con furia, ma Buck riusciva sempre a sfuggirgli.
Han angrep i raseri, men Buck snek seg alltid unna.
Buck finse di essere debole, allontanandosi ulteriormente dalla mandria.
Buck lot som om han var svak, og lokket ham lenger bort fra flokken.
Ma i giovani tori sarebbero tornati alla carica per proteggere il capo.
Men unge okser skulle storme tilbake for å beskytte lederen.
Costrinsero Buck a ritirarsi e il toro a ricongiungersi al gruppo.
De tvang Buck til å trekke seg tilbake og oksen til å slutte seg til gruppen igjen.
C'è una pazienza nella natura selvaggia, profonda e inarrestabile.

Det finnes en tålmodighet i villmarken, dyp og ustoppelig.
Un ragno resta immobile nella sua tela per innumerevoli ore.
En edderkopp venter ubevegelig i nettet sitt i utallige timer.
Un serpente si avvolge su se stesso senza contrarsi e aspetta il momento giusto.
En slange kveiler seg uten å rykke, og venter til det er tid.
Una pantera è in agguato, finché non arriva il momento.
En panter ligger i bakhold, helt til øyeblikket kommer.
Questa è la pazienza dei predatori che cacciano per sopravvivere.
Dette er tålmodigheten til rovdyr som jakter for å overleve.
La stessa pazienza ardeva dentro Buck mentre gli restava accanto.
Den samme tålmodigheten brant i Buck mens han holdt seg nær.
Rimase vicino alla mandria, rallentandone la marcia e incutendo timore.
Han holdt seg i nærheten av flokken, bremset marsjen og skapte frykt.
Provocava i giovani tori e molestava le mucche madri.
Han ertet de unge oksene og trakasserte kyrne.
Spinse il toro ferito in una rabbia ancora più profonda e impotente.
Han drev den sårede oksen inn i et dypere, hjelpeløst raseri.
Per mezza giornata il combattimento si trascinò senza alcuna tregua.
I en halv dag trakk kampen ut uten noen hvile i det hele tatt.
Buck attaccò da ogni angolazione, veloce e feroce come il vento.
Buck angrep fra alle kanter, raskt og voldsomt som vinden.
Impedì al toro di riposare o di nascondersi con la mandria.
Han hindret oksen i å hvile eller gjemme seg sammen med flokken sin.
Buck logorò la volontà dell'alce più velocemente del suo corpo.
Bukken tæret ned elgens viljestyrke raskere enn kroppen dens.

Il giorno passò e il sole tramontò basso nel cielo a nord-ovest.
Dagen gikk, og solen sank lavt på nordvesthimmelen.
I giovani tori tornarono più lentamente per aiutare il loro capo.
De unge oksene kom saktere tilbake for å hjelpe lederen sin.
Erano tornate le notti autunnali e il buio durava ormai sei ore.
Høstnettene hadde kommet tilbake, og mørket varte nå i seks timer.
L'inverno li spingeva verso valli più sicure e calde.
Vinteren presset dem nedoverbakke til tryggere, varmere daler.
Ma non riuscirono comunque a sfuggire al cacciatore che li tratteneva.
Men de klarte likevel ikke å unnslippe jegeren som holdt dem tilbake.
Era in gioco solo una vita: non quella del branco, ma quella del loro capo.
Bare ett liv sto på spill – ikke flokkens, bare lederens.
Ciò rendeva la minaccia lontana e non una loro preoccupazione urgente.
Det gjorde trusselen fjern og ikke deres presserende bekymring.
Col tempo accettarono questo prezzo e lasciarono che Buck prendesse il vecchio toro.
Med tiden aksepterte de denne kostnaden og lot Buck ta den gamle oksen.
Mentre calava il crepuscolo, il vecchio toro rimase in piedi con la testa bassa.
Da skumringen senket seg, sto den gamle oksen med hodet bøyd.
Guardò la mandria che aveva guidato svanire nella luce morente.
Han så flokken han hadde ledet forsvinne i det svinnende lyset.

C'erano mucche che aveva conosciuto, vitelli che un tempo aveva generato.
Det var kyr han hadde kjent, kalver han en gang hadde blitt far til.
C'erano tori più giovani con cui aveva combattuto e che aveva dominato nelle stagioni passate.
Det var yngre okser han hadde kjempet mot og hersket mot i tidligere sesonger.
Non poteva seguirli, perché davanti a lui era di nuovo accovacciato Buck.
Han kunne ikke følge etter dem – for foran ham satt Buck på huk igjen.
Il terrore spietato e zannuto gli bloccava ogni via che potesse percorrere.
Den nådeløse, hoggtennerfulle terroren blokkerte enhver vei han kunne ta.
Il toro pesava più di trecento chili di potenza densa.
Oksen veide mer enn tre hundre vekt av tett kraft.
Aveva vissuto a lungo e lottato duramente in un mondo di difficoltà.
Han hadde levd lenge og kjempet hardt i en verden preget av kamp.
Eppure, alla fine, la morte gli venne commessa da una bestia molto più bassa di lui.
Likevel, nå, til slutt, kom døden fra et udyr langt under ham.
La testa di Buck non arrivò nemmeno alle enormi ginocchia noccate del toro.
Bucks hode nådde ikke engang oksens enorme, knoklete knær.
Da quel momento in poi, Buck rimase con il toro notte e giorno.
Fra det øyeblikket av ble Buck hos oksen natt og dag.
Non gli dava mai tregua, non gli permetteva mai di brucare o bere.
Han ga ham aldri hvile, lot ham aldri beite eller drikke.
Il toro cercò di mangiare giovani germogli di betulla e foglie di salice.
Oksen prøvde å spise unge bjørkeskudd og pileblader.

Ma Buck lo scacciò, sempre all'erta e sempre all'attacco.
Men Buck jaget ham av gårde, alltid årvåken og alltid angripende.
Anche nei torrenti che scorrevano, Buck bloccava ogni assetato tentativo.
Selv ved sildrende bekker blokkerte Buck ethvert tørstende forsøk.
A volte, in preda alla disperazione, il toro fuggiva a tutta velocità.
Noen ganger, i desperasjon, flyktet oksen i full fart.
Buck lo lasciò correre, avanzando tranquillamente dietro di lui, senza mai allontanarsi troppo.
Buck lot ham løpe, rolig løpende like bak, aldri langt unna.
Quando l'alce si fermò, Buck si sdraiò, ma rimase pronto.
Da elgen stoppet, la Buck seg ned, men holdt seg klar.
Se il toro provava a mangiare o a bere, Buck colpiva con tutta la sua furia.
Hvis oksen prøvde å spise eller drikke, slo Buck til med fullt raseri.
La grande testa del toro si abbassava sotto le enormi corna.
Oksens store hode hang lavere under det enorme geviret.
Il suo passo rallentò, il trotto divenne pesante, un'andatura barcollante.
Tempoet hans sakket, travet ble tungt; en snublende skritt.
Spesso restava immobile con le orecchie abbassate e il naso rivolto verso il terreno.
Han sto ofte stille med hengende ører og nesen mot bakken.
In quei momenti Buck si prese del tempo per bere e riposare.
I disse øyeblikkene tok Buck seg tid til å drikke og hvile.
Con la lingua fuori e gli occhi fissi, Buck sentì che la terra stava cambiando.
Med tungen ute, øynene festet, følte Buck at landet forandret seg.
Sentì qualcosa di nuovo muoversi nella foresta e nel cielo.
Han følte noe nytt bevege seg gjennom skogen og himmelen.
Con il ritorno delle alci tornarono anche altre creature selvatiche.

Etter hvert som elgen kom tilbake, gjorde andre ville skapninger det også.

La terra sembrava viva di una presenza invisibile ma fortemente nota.

Landet føltes levende med tilstedeværelse, usett, men sterkt kjent.

Buck non lo sapeva tramite l'udito, la vista o l'olfatto.

Det var ikke ved lyd, syn eller lukt at Buck visste dette.

Un sentimento più profondo gli diceva che nuove forze erano in movimento.

En dypere sans fortalte ham at nye krefter var i bevegelse.

Una strana vita si agitava nei boschi e lungo i corsi d'acqua.

Merkelig liv rørte seg i skogene og langs bekkene.

Decise di esplorare questo spirito una volta completata la caccia.

Han bestemte seg for å utforske denne ånden etter at jakten var fullført.

Il quarto giorno, Buck riuscì finalmente a catturare l'alce.

På den fjerde dagen fikk Buck endelig ned elgen.

Rimase nei pressi della preda per un giorno e una notte interi, nutrendosi e riposandosi.

Han ble værende ved byten en hel dag og natt, spiste og hvilte.

Mangiò, poi dormì, poi mangiò ancora, finché non fu forte e sazio.

Han spiste, så sov han, så spiste han igjen, helt til han var sterk og mett.

Quando fu pronto, tornò indietro verso l'accampamento e Thornton.

Da han var klar, snudde han seg tilbake mot leiren og Thornton.

Con passo costante iniziò il lungo viaggio di ritorno verso casa.

Med jevnt tempo startet han den lange hjemreisen.

Correva con la sua andatura instancabile, ora dopo ora, senza mai smarrirsi.

Han løp i sin utrettelige løp, time etter time, uten å avvike én eneste gang.
Attraverso terre sconosciute, si muoveva dritto come l'ago di una bussola.
Gjennom ukjente land beveget han seg rett som en kompassnål.
Il suo senso dell'orientamento faceva sembrare deboli, al confronto, l'uomo e la mappa.
Hans retningssans fikk mennesket og kartet til å virke svake i sammenligning.
Mentre Buck correva, sentiva sempre più forte l'agitazione nella terra selvaggia.
Etter hvert som Buck løp, følte han sterkere opprøret i det ville landskapet.
Era un nuovo tipo di vita, diverso da quello dei tranquilli mesi estivi.
Det var en ny type liv, ulikt det i de rolige sommermånedene.
Questa sensazione non giungeva più come un messaggio sottile o distante.
Denne følelsen kom ikke lenger som en subtil eller fjern beskjed.
Ora gli uccelli parlavano di questa vita e gli scoiattoli chiacchieravano.
Nå snakket fuglene om dette livet, og ekornene pratet om det.
Persino la brezza sussurrava avvertimenti tra gli alberi silenziosi.
Selv brisen hvisket advarsler gjennom de stille trærne.
Più volte si fermò ad annusare l'aria fresca del mattino.
Flere ganger stoppet han og snuste inn den friske morgenluften.
Lì lesse un messaggio che lo fece fare un balzo in avanti più velocemente.
Der leste han en beskjed som fikk ham til å hoppe raskere fremover.
Fu pervaso da un forte senso di pericolo, come se qualcosa fosse andato storto.
En dyp følelse av fare fylte ham, som om noe hadde gått galt.

Temeva che la calamità stesse per arrivare, o che fosse già arrivata.
Han fryktet at ulykken var på vei – eller allerede hadde kommet.
Superò l'ultima cresta ed entrò nella valle sottostante.
Han krysset den siste ryggen og kom inn i dalen nedenfor.
Si muoveva più lentamente, attento e cauto a ogni passo.
Han beveget seg saktere, årvåken og forsiktig med hvert skritt.
Dopo tre miglia trovò una pista fresca che lo fece irrigidire.
Tre mil unna fant han et nytt spor som fikk ham til å stivne.
I peli sul collo si rizzarono e si rizzarono in segno di allarme.
Håret langs halsen hans bølget og bustet av alarm.
Il sentiero portava dritto all'accampamento dove Thornton aspettava.
Stien ledet rett mot leiren der Thornton ventet.
Buck ora si muoveva più velocemente, con passi silenziosi e rapidi.
Buck beveget seg raskere nå, skrittene hans både stille og raske.
I suoi nervi si irrigidirono mentre leggeva segnali che altri non avrebbero notato.
Nervene hans strammet seg da han leste tegn som andre kom til å overse.
Ogni dettaglio del percorso raccontava una storia, tranne l'ultimo pezzo.
Hver detalj i stien fortalte en historie – bortsett fra den siste biten.
Il suo naso gli raccontò della vita che aveva trascorso lì.
Nesen hans fortalte ham om livet som hadde passert på denne måten.
L'odore gli fornì un'immagine mutevole mentre lo seguiva da vicino.
Lukten ga ham et skiftende bilde mens han fulgte tett etter.
Ma la foresta stessa era diventata silenziosa, innaturalmente immobile.
Men selve skogen hadde blitt stille; unaturlig stille.

Gli uccelli erano scomparsi, gli scoiattoli erano nascosti, silenziosi e immobili.
Fugler var forsvunnet, ekorn var gjemt, stille og stille.
Vide solo uno scoiattolo grigio, sdraiato su un albero morto.
Han så bare ett grått ekorn, flatt på et dødt tre.
Lo scoiattolo si mimetizzava, rigido e immobile come una parte della foresta.
Ekornet blandet seg inn, stivt og ubevegelig som en del av skogen.
Buck si muoveva come un'ombra, silenzioso e sicuro tra gli alberi.
Buck beveget seg som en skygge, stille og sikker gjennom trærne.
Il suo naso si mosse di lato come se fosse stato tirato da una mano invisibile.
Nesen hans rykket til side som om den var dratt av en usynlig hånd.
Si voltò e seguì il nuovo odore nel profondo di un boschetto.
Han snudde seg og fulgte den nye lukten dypt inn i et kratt.
Lì trovò Nig, steso morto, trafitto da una freccia.
Der fant han Nig, liggende død, gjennomboret av en pil.
La freccia gli attraversò il corpo, lasciando ancora visibili le piume.
Skaftet gikk gjennom kroppen hans, fjærene var fortsatt synlige.
Nig si era trascinato fin lì, ma era morto prima di riuscire a raggiungere i soccorsi.
Nig hadde slept seg dit, men døde før han nådde frem til hjelp.
Cento metri più avanti, Buck trovò un altro cane da slitta.
Hundre meter lenger fremme fant Buck en annen sledehund.
Era un cane che Thornton aveva comprato a Dawson City.
Det var en hund som Thornton hadde kjøpt tilbake i Dawson City.
Il cane lottava con tutte le sue forze, dimenandosi violentemente sul sentiero.
Hunden var i en dødskamp, og slet hardt på stien.

Buck gli passò accanto senza fermarsi, con gli occhi fissi davanti a sé.
Buck gikk forbi ham uten å stoppe, med blikket rettet fremover.
Dalla direzione dell'accampamento proveniva un canto lontano e ritmico.
Fra leirens retning kom en fjern, rytmisk sang.
Le voci si alzavano e si abbassavano con un tono strano, inquietante, cantilenante.
Stemmer hevet og falt i en merkelig, uhyggelig, syngende tone.
Buck strisciò in silenzio fino al limite della radura.
Buck krøp frem til kanten av lysningen i stillhet.
Lì vide Hans disteso a faccia in giù, trafitto da numerose frecce.
Der så han Hans ligge med ansiktet ned, gjennomboret av mange piler.
Il suo corpo sembrava quello di un porcospino, irto di penne.
Kroppen hans så ut som et piggsvin, full av fjærkledde skafter.
Nello stesso momento, Buck guardò verso la capanna in rovina.
I samme øyeblikk så Buck mot den ødelagte hytta.
Quella vista gli fece rizzare i capelli sul collo e sulle spalle.
Synet fikk håret til å reise seg stivt på nakken og skuldrene hans.
Un'ondata di rabbia selvaggia travolse tutto il corpo di Buck.
En storm av vilt raseri feide gjennom hele Bucks kropp.
Ringhiò forte, anche se non ne era consapevole.
Han knurret høyt, selv om han ikke visste at han hadde gjort det.
Il suono era crudo, pieno di una furia terrificante e selvaggia.
Lyden var rå, fylt av skremmende, vill raseri.
Per l'ultima volta nella sua vita, Buck perse la ragione a causa delle emozioni.

For siste gang i livet mistet Buck fornuften til fordel for følelsene.

Fu l'amore per John Thornton a spezzare il suo attento controllo.

Det var kjærligheten til John Thornton som brøt hans nøye kontroll.

Gli Yeehats ballavano attorno alla baita in legno di abete rosso distrutta.

Yeehat-familien danset rundt den ødelagte granhytta.

Poi si udì un ruggito e una bestia sconosciuta si lanciò verso di loro.

Så kom et brøl – og et ukjent beist stormet mot dem.

Era Buck: una furia in movimento, una tempesta vivente di vendetta.

Det var Buck; et raseri i bevegelse; en levende hevnstorm.

Si gettò in mezzo a loro, folle di voglia di uccidere.

Han kastet seg midt iblant dem, rasende av trang til å drepe.

Si lanciò contro il primo uomo, il capo Yeehat, e colpì nel segno.

Han hoppet mot den første mannen, Yeehat-høvdingen, og traff på sant.

La sua gola era squarciata e il sangue schizzava a fiotti.

Halsen hans var revet opp, og blod sprutet i en strøm.

Buck non si fermò, ma con un balzo squarciò la gola dell'uomo successivo.

Buck stoppet ikke, men rev over halsen på nestemann med ett sprang.

Era inarrestabile: squarciava, tagliava, non si fermava mai a riposare.

Han var ustoppelig – rev i stykker, hogg, og tok aldri en pause for å hvile.

Si lanciò e balzò così velocemente che le loro frecce non riuscirono a toccarlo.

Han pilte og sprang så fort at pilene deres ikke kunne nå ham.

Gli Yeehats erano in preda al panico e alla confusione.

Yeehat-familien var fanget i sin egen panikk og forvirring.

Le loro frecce non colpirono Buck e si colpirono tra loro.

Pilene deres bommet på Buck og traff hverandre i stedet.
Un giovane scagliò una lancia contro Buck e colpì un altro uomo.
En ungdom kastet et spyd mot Buck og traff en annen mann.
La lancia gli trapassò il petto e la punta gli trafisse la schiena.
Spydet gikk gjennom brystet hans, og spissen slo ut i ryggen hans.
Il terrore travolse gli Yeehats, che si diedero alla ritirata.
Terror feide over Yeehat-ene, og de brøt inn i full retrett.
Urlarono allo Spirito Maligno e fuggirono nelle ombre della foresta.
De skrek etter den onde ånden og flyktet inn i skogens skygger.
Buck era davvero come un demone mentre inseguiva gli Yeehats.
Buck var virkelig som en demon da han jaget Yeehat-familien.
Li inseguì attraverso la foresta, abbattendoli come cervi.
Han rev etter dem gjennom skogen og førte dem ned som hjorter.
Divenne un giorno di destino e terrore per gli spaventati Yeehats.
Det ble en skjebnens og terrorens dag for de skremte Yeehatene.
Si dispersero sul territorio, fuggendo in ogni direzione.
De spredte seg over landet og flyktet langt i alle retninger.
Passò un'intera settimana prima che gli ultimi sopravvissuti si incontrassero in una valle.
En hel uke gikk før de siste overlevende møttes i en dal.
Solo allora contarono le perdite e raccontarono quanto accaduto.
Først da telte de tapene sine og snakket om hva som hadde skjedd.
Buck, stanco dell'inseguimento, ritornò all'accampamento in rovina.
Etter å ha blitt lei av jakten, vendte Buck tilbake til den ødelagte leiren.

Trovò Pete, ancora avvolto nelle coperte, ucciso nel primo attacco.
Han fant Pete, fortsatt i teppene sine, drept i det første angrepet.
I segni dell'ultima lotta di Thornton erano visibili nella terra lì vicino.
Spor etter Thorntons siste kamp var markert i jorden i nærheten.
Buck seguì ogni traccia, annusando ogni segno fino al punto finale.
Buck fulgte hvert spor og snuste på hvert merke til et siste punkt.
Sul bordo di una profonda pozza trovò il fedele Skeet, immobile.
Ved kanten av et dypt basseng fant han den trofaste Skeet, liggende stille.
La testa e le zampe anteriori di Skeet erano nell'acqua, immobili nella morte.
Skeets hode og forlabber var i vannet, ubevegelige i døden.
La piscina era fangosa e contaminata dai liquidi di scarico delle chiuse.
Bassenget var gjørmete og tilsølt med avrenning fra sluseboksene.
La sua superficie torbida nascondeva ciò che si trovava sotto, ma Buck conosceva la verità.
Den skyfylte overflaten skjulte det som lå under, men Buck visste sannheten.
Seguì l'odore di Thornton nella piscina, ma non lo portò da nessun'altra parte.
Han fulgte Thorntons lukt ned i bassenget – men lukten førte ingen andre steder.
Non c'era alcun odore che provenisse, solo il silenzio dell'acqua profonda.
Det var ingen duft som ledet ut – bare stillheten på dypt vann.
Buck rimase tutto il giorno vicino alla piscina, camminando avanti e indietro per l'accampamento, addolorato.

Hele dagen ble Buck værende ved dammen og gikk sorgfullt frem og tilbake i leiren.

Vagava irrequieto o sedeva immobile, immerso nei suoi pensieri.

Han vandret rastløst rundt eller satt stille, fortapt i tunge tanker.

Conosceva la morte, la fine della vita, la scomparsa di ogni movimento.

Han kjente døden; livets slutt; forsvinnelsen av all bevegelse.

Capì che John Thornton se n'era andato e non sarebbe mai più tornato.

Han forsto at John Thornton var borte, og aldri for å komme tilbake.

La perdita lasciò in lui un vuoto che pulsava come la fame.

Tapet etterlot et tomrom i ham som dunket som sult.

Ma questa era una fame che il cibo non riusciva a placare, non importava quanto ne mangiasse.

Men dette var en sult maten ikke kunne stille, uansett hvor mye han spiste.

A volte, mentre guardava i cadaveri di Yeehats, il dolore si attenuava.

Til tider, når han så på de døde Yeehatene, falmet smerten.

E poi dentro di lui nacque uno strano orgoglio, feroce e totale.

Og så steg en merkelig stolthet inni ham, voldsom og fullstendig.

Aveva ucciso l'uomo, la preda più alta e pericolosa di tutte.

Han hadde drept mennesket, det høyeste og farligste spillet av alle.

Aveva ucciso in violazione dell'antica legge del bastone e della zanna.

Han hadde drept i strid med den gamle loven om kølle og hoggtennen.

Buck annusò i loro corpi senza vita, curioso e pensieroso.

Buck snuste på de livløse kroppene deres, nysgjerrig og tankefull.

Erano morti così facilmente, molto più facilmente di un husky in combattimento.
De hadde dødd så lett – mye lettere enn en husky i en kamp.
Senza le armi non avrebbero avuto vera forza né avrebbero rappresentato una minaccia.
Uten våpnene sine hadde de ingen reell styrke eller trussel.
Buck non avrebbe più avuto paura di loro, a meno che non fossero stati armati.
Buck kom aldri til å frykte dem igjen, med mindre de var bevæpnet.
Stava attento solo quando portavano clave, lance o frecce.
Bare når de bar køller, spyd eller piler, ville han være forsiktig.

Calò la notte e la luna piena spuntò alta sopra le cime degli alberi.
Natten falt på, og en fullmåne steg høyt over trærnes topper.
La pallida luce della luna avvolgeva la terra in un tenue e spettrale chiarore, come se fosse giorno.
Månens bleke lys badet landet i et mykt, spøkelsesaktig skjær som dag.
Mentre la notte avanzava, Buck continuava a piangere presso la pozza silenziosa.
Etter hvert som natten ble dypere, sørget Buck fortsatt ved den stille dammen.
Poi si accorse di un diverso movimento nella foresta.
Så ble han oppmerksom på en annen bevegelse i skogen.
L'agitazione non proveniva dagli Yeehats, ma da qualcosa di più antico e profondo.
Opprøret kom ikke fra Yeehat-familien, men fra noe eldre og dypere.
Si alzò in piedi, drizzò le orecchie e tastò con attenzione la brezza con il naso.
Han reiste seg opp, med hevede ører, og undersøkte forsiktig brisen på nesen.
Da lontano giunse un debole e acuto grido che squarciò il silenzio.

Langt bortefra kom et svakt, skarpt hyl som gjennomboret stillheten.
Poi un coro di grida simili seguì subito dopo il primo.
Så fulgte et kor av lignende rop tett bak det første.
Il suono si avvicinava sempre di più, diventando sempre più forte con il passare dei minuti.
Lyden kom nærmere, og ble høyere for hvert øyeblikk som gikk.
Buck conosceva quel grido: proveniva da quell'altro mondo nella sua memoria.
Buck kjente dette ropet – det kom fra den andre verdenen i minnet hans.
Si recò al centro dello spazio aperto e ascoltò attentamente.
Han gikk til midten av det åpne rommet og lyttet oppmerksomt.
L'appello risuonò più forte che mai, più sentito e più potente che mai.
Ropet runget ut, mange bemerket og kraftigere enn noensinne.
E ora, più che mai, Buck era pronto a rispondere alla sua chiamata.
Og nå, mer enn noen gang før, var Buck klar til å svare på kallet hans.
John Thornton era morto e in lui non era rimasto alcun legame con l'uomo.
John Thornton var død, og han hadde ikke noe bånd til mennesker igjen.
L'uomo e tutte le pretese umane erano svaniti: era finalmente libero.
Mennesket og alle menneskelige krav var borte – han var endelig fri.
Il branco di lupi era a caccia di carne, proprio come un tempo avevano fatto gli Yeehats.
Ulveflokken jaget kjøtt slik Yeehatene en gang gjorde.
Avevano seguito le alci mentre scendevano dalle terre boscose.
De hadde fulgt elger ned fra de skogkledde områdene.
Ora, selvaggi e affamati di prede, attraversarono la sua valle.

Nå, ville og sultne på bytte, krysset de inn i dalen hans.
Giunsero nella radura illuminata dalla luna, scorrendo come acqua argentata.
Inn i den månebelyste lysningen kom de, rennende som sølvfarget vann.
Buck rimase immobile al centro, in attesa.
Buck sto stille i midten, ubevegelig og ventet på dem.
La sua presenza calma e imponente lasciò il branco senza parole, tanto da farlo restare per un breve periodo in silenzio.
Hans rolige, store tilstedeværelse sjokkerte flokken til en kort stillhet.
Allora il lupo più audace gli saltò addosso senza esitazione.
Så hoppet den dristigste ulven rett mot ham uten å nøle.
Buck colpì rapidamente e spezzò il collo del lupo con un solo colpo.
Buck slo til raskt og brakk ulvens nakke i et enkelt slag.
Rimase di nuovo immobile mentre il lupo morente si contorceva dietro di lui.
Han sto ubevegelig igjen mens den døende ulven vred seg bak ham.
Altri tre lupi attaccarono rapidamente, uno dopo l'altro.
Tre ulver til angrep raskt, den ene etter den andre.
Ognuno di loro si ritrasse sanguinante, con la gola o le spalle tagliate.
Hver av dem trakk seg tilbake blødende, med overskåret hals eller skuldre.
Ciò fu sufficiente a scatenare una carica selvaggia da parte dell'intero branco.
Det var nok til å sette hele flokken i vill angrep.
Si precipitarono tutti insieme, troppo impazienti e troppo ammassati per colpire bene.
De stormet inn sammen, for ivrige og for tettpakket til å slå godt til.
La velocità e l'abilità di Buck gli permisero di anticipare l'attacco.

Bucks fart og ferdigheter tillot ham å holde seg i forkant av angrepet.
Girò sulle zampe posteriori, schioccando i denti e colpendo in tutte le direzioni.
Han snurret på bakbeina, glefset og slo i alle retninger.
Ai lupi sembrò che la sua difesa non si fosse mai aperta o avesse vacillato.
For ulvene virket dette som om forsvaret hans aldri åpnet seg eller vaklet.
Si voltò e colpì così velocemente che non riuscirono a raggiungerlo alle spalle.
Han snudde seg og hugg så raskt at de ikke kunne komme bak ham.
Ciononostante, il loro numero lo costrinse a cedere terreno e a ritirarsi.
Likevel tvang antallet deres ham til å gi etter og trekke seg tilbake.
Superò la piscina e scese nel letto roccioso del torrente.
Han beveget seg forbi dammen og ned i det steinete bekkeleiet.
Lì si imbatté in un ripido pendio di ghiaia e terra.
Der kom han borti en bratt skrent av grus og jord.
Si è infilato in un angolo scavato durante i vecchi scavi dei minatori.
Han kom seg inn i et hjørne som ble kuttet under gruvearbeidernes gamle graving.
Ora, protetto su tre lati, Buck si trovava di fronte solo al lupo frontale.
Nå, beskyttet på tre sider, sto Buck bare overfor den fremste ulven.
Lì rimase in attesa, pronto per la successiva ondata di assalto.
Der sto han i sjakk, klar for den neste angrepsbølgen.
Buck mantenne la posizione con tanta ferocia che i lupi indietreggiarono.
Buck holdt stand så standhaftig at ulvene trakk seg tilbake.
Dopo mezz'ora erano sfiniti e visibilmente sconfitti.

Etter en halvtime var de utslitte og synlig beseiret.
Le loro lingue pendevano fuori e le loro zanne bianche brillavano alla luce della luna.
Tungene deres hang ut, de hvite hoggtennene deres glitret i måneskinnet.
Alcuni lupi si sdraiano, con la testa alzata e le orecchie dritte verso Buck.
Noen ulver la seg ned med hevede hoder og spissede ører mot Buck.
Altri rimasero immobili, attenti e osservarono ogni suo movimento.
Andre sto stille, årvåkne og fulgte med på hver eneste bevegelse han gjorde.
Qualcuno si avvicinò alla piscina e bevve l'acqua fredda.
Noen få vandret bort til bassenget og drakk kaldt vann.
Poi un lupo grigio, lungo e magro, si fece avanti furtivamente, con passo gentile.
Så krøp en lang, mager grå ulv forsiktig frem.
Buck lo riconobbe: era il fratello selvaggio di prima.
Buck kjente ham igjen – det var den ville broren fra før.
Il lupo grigio uggiolò dolcemente e Buck rispose con un guaito.
Den grå ulven klynket lavt, og Buck svarte med et klynk.
Si toccarono il naso, silenziosamente, senza timore o minaccia.
De berørte nesene, stille og uten trussel eller frykt.
Poi venne un lupo più anziano, scarno e segnato dalle numerose battaglie.
Deretter kom en eldre ulv, mager og arrmerket etter mange kamper.
Buck cominciò a ringhiare, ma si fermò e annusò il naso del vecchio lupo.
Buck begynte å knurre, men stoppet opp og snuste på den gamle ulvens nese.
Il vecchio si sedette, alzò il naso e ululò alla luna.
Den gamle satte seg ned, løftet nesen og ulte mot månen.
Il resto del branco si sedette e si unì al lungo ululato.

Resten av flokken satte seg ned og ble med på det lange ulet.
E ora la chiamata giunse a Buck, inequivocabile e forte.
Og nå kom kallet til Buck, umiskjennelig og sterkt.
Si sedette, alzò la testa e ululò insieme agli altri.
Han satte seg ned, løftet hodet og hylte sammen med de andre.
Quando l'ululato cessò, Buck uscì dal suo riparo roccioso.
Da ulingen tok slutt, steg Buck ut av det steinete lyet sitt.
Il branco si strinse attorno a lui, annusando con gentilezza e cautela.
Flokken lukket seg rundt ham og snufset både vennlig og forsiktig.
Allora i capi lanciarono un grido e si precipitarono nella foresta.
Så hylte lederne og løp av gårde inn i skogen.
Gli altri lupi li seguirono, guaendo in coro, selvaggi e veloci nella notte.
De andre ulvene fulgte etter, hylende i kor, ville og raske i natten.
Buck corse con loro, accanto al suo selvaggio fratello, ululando mentre correva.
Buck løp med dem, ved siden av sin ville bror, og ulte mens han løp.

Qui la storia di Buck giunge al termine.
Her gjør historien om Buck det godt i å ta slutt.
Negli anni a seguire, gli Yeehats notarono degli strani lupi.
I årene som fulgte la Yeehat-familien merke til merkelige ulver.
Alcuni avevano la testa e il muso marroni e il petto bianco.
Noen hadde brunt på hodet og snuten, hvitt på brystet.
Ma ancora di più temevano la presenza di una figura spettrale tra i lupi.
Men enda mer fryktet de en spøkelsesaktig skikkelse blant ulvene.
Parlavano a bassa voce del Cane Fantasma, il capo del branco.

De hvisket om Spøkelseshunden, lederen av flokken.
Questo cane fantasma era più astuto del più audace cacciatore di Yeehat.
Denne spøkelseshunden var mer listig enn den dristigste Yeehat-jegeren.
Il cane fantasma rubava dagli accampamenti nel cuore dell'inverno e faceva a pezzi le loro trappole.
Spøkelseshunden stjal fra leirer i dyp vinter og rev fellene deres i stykker.
Il cane fantasma uccise i loro cani e sfuggì alle loro frecce senza lasciare traccia.
Spøkelseshunden drepte hundene deres og unnslapp pilene deres sporløst.
Perfino i guerrieri più coraggiosi avevano paura di affrontare questo spirito selvaggio.
Selv deres modigste krigere fryktet å møte denne ville ånden.
No, la storia diventa ancora più oscura con il passare degli anni trascorsi nella natura selvaggia.
Nei, historien blir enda mørkere etter hvert som årene går i naturen.
Alcuni cacciatori scompaiono e non fanno più ritorno ai loro accampamenti lontani.
Noen jegere forsvinner og vender aldri tilbake til sine fjerne leirer.
Altri vengono trovati con la gola squarciata, uccisi nella neve.
Andre blir funnet med revet opp strupene, drept i snøen.
Intorno ai loro corpi ci sono delle impronte più grandi di quelle che un lupo potrebbe mai lasciare.
Rundt kroppene deres er det spor – større enn noen ulv kunne lage.
Ogni autunno, gli Yeehats seguono le tracce dell'alce.
Hver høst følger Yeehats elgens spor.
Ma evitano una valle perché la paura è scolpita nel profondo del loro cuore.
Men de unngår én dal med frykt hugget dypt inn i hjertene sine.

Si dice che la valle sia stata scelta dallo Spirito Maligno come sua dimora.
De sier at dalen er valgt av den onde ånden som hjem.
E quando la storia viene raccontata, alcune donne piangono accanto al fuoco.
Og når historien blir fortalt, gråter noen kvinner ved bålet.
Ma d'estate, c'è un visitatore che giunge in quella valle sacra e silenziosa.
Men om sommeren kommer én besøkende til den stille, hellige dalen.
Gli Yeehats non lo conoscono e non potrebbero capirlo.
Yeehatene vet ikke om ham, og de kunne heller ikke forstå.
Il lupo è un animale grandioso, ricoperto di gloria, come nessun altro della sua specie.
Ulven er en stor en, dekket av prakt, ulik ingen annen av sitt slag.
Lui solo attraversa il bosco verde ed entra nella radura della foresta.
Han alene krysser fra grønt tømmer og går inn i skoglysningen.
Lì, la polvere dorata contenuta nei sacchi di pelle d'alce si infiltra nel terreno.
Der siver gyllent støv fra elgskinnsekker ned i jorden.
L'erba e le foglie vecchie hanno nascosto il giallo del sole.
Gress og gamle blader har skjult det gule for solen.
Qui il lupo resta in silenzio, pensando e ricordando.
Her står ulven i stillhet, tenker og husker.
Urla una volta sola, a lungo e lugubremente, prima di girarsi e andarsene.
Han uler én gang – langt og sørgmodig – før han snur seg for å gå.
Ma non è sempre solo nella terra del freddo e della neve.
Likevel er han ikke alltid alene i kuldens og snøens land.
Quando le lunghe notti invernali scendono sulle valli più basse.
Når lange vinternetter senker seg over de lavere dalene.

Quando i lupi seguono la selvaggina attraverso il chiaro di luna e il gelo.
Når ulvene følger vilt gjennom måneskinn og frost.
Poi corre in testa al gruppo, saltando in alto e in modo selvaggio.
Så løper han i spissen for flokken, hoppende høyt og vilt.
La sua figura svetta sulle altre, la sua gola risuona di canto.
Skikkelsen hans ruver over de andre, halsen hans levende av sang.
È il canto del mondo più giovane, la voce del branco.
Det er den yngre verdens sang, flokkens stemme.
Canta mentre corre: forte, libero e per sempre selvaggio.
Han synger mens han løper – sterk, fri og evig vill.

www.ingramcontent.com/pod-product-compliance
Lightning Source LLC
Chambersburg PA
CBHW010031040426
42333CB00048B/2838